中国制造业能源效率与回弹效应研究

Research on China's Manufacturing Sectors Energy Efficiency and Rebound Effect

艾明晔 著

科学出版社

北 京

内 容 简 介

本书以中国制造业为研究对象，首先测算了制造业各行业在 2000～2014 年的全要素能源效率，并将制造业按要素密集度划分成技术密集型、劳动密集型和资本密集型三种类别，对比分析了三种要素密集型行业及制造业整体能源效率的特点。其次选取技术进步、资本深化程度、能源价格、企业规模、能源消费结构、对外开放六种因素，分析各因素对不同类型行业能源效率的影响。在证实回弹效应存在并分离回弹效应影响的情形下，进一步研究了技术进步对制造业及不同要素密集型行业能源效率的影响。最后提出了相关的政策建议。

本书可供能源经济与管理领域、产业经济领域和产业政策领域的学者参阅。

图书在版编目（CIP）数据

中国制造业能源效率与回弹效应研究=Research on China's Manufacturing Sectors Energy Efficiency and Rebound Effect/艾明晔著.—北京：科学出版社，2019

ISBN 978-7-03-057598-2

Ⅰ. ①中⋯　Ⅱ. ①艾⋯　Ⅲ. ①制造工业－能源效率－研究－中国　Ⅳ. ①F426.4

中国版本图书馆CIP数据核字（2018）第105508号

责任编辑：刘翠娜　崔元春 / 责任校对：王萌萌
责任印制：吴兆东 / 封面设计：无极书装

科 学 出 版 社 出版
北京东黄城根北街 16 号
邮政编码：100717
http://www.sciencep.com

北京中石油彩色印刷有限责任公司 印刷
科学出版社发行　各地新华书店经销

*

2019 年 4 月第 一 版　开本：720×1000　1/16
2020 年 1 月第二次印刷　印张：7 1/2
字数：200 000

定价：98.00 元
（如有印装质量问题，我社负责调换）

作 者 简 介

艾明晔，女，1975 年 1 月出生。管理学博士(后)，哈尔滨工程大学经济管理学院副教授、硕士生导师，中国优选法统筹法与经济数学研究会能源经济与管理研究分会理事、黑龙江省管理学学会理事、黑龙江省经济学会常务理事、黑龙江省危机科学与技术研究会理事、中国系统工程学会能源资源系统工程分会会员、教育部学位论文评审专家、国家自然科学基金委员会同行评议专家。研究方向：中国制造业产业创新、绿色低碳发展的产业政策、高端装备制造业的清洁低碳技术管理。作为项目负责人，主持国家自然科学基金青年基金项目 1 项、教育部博士点基金新教师项目 1 项、中国博士后科学基金项目 1 项、黑龙江省自然科学基金面上项目 1 项和黑龙江省博士后落户基金项目 1 项；参与国家自然科学基金项目、国家社会科学基金项目和教育部人文社科项目等国家级和省部级科研项目 10 余项。已结题教育部博士点基金新教师项目 1 项、中国博士后科学基金项目 1 项。获省部级科学技术奖励一等奖 1 项、二等奖 1 项、三等奖 1 项。教学成果亦显著，获得 2011 年度和 2012 年度哈尔滨工程大学本科优秀主讲教师三等奖，2014 年度研究生教学优秀授课教师二等奖及 2017 年度和 2013 年度本科毕业论文优秀指导教师称号。在《中国管理科学》和《科学学与科学技术管理》等具有影响力的重要学术期刊和国际会议论文集上发表学术论文 20 余篇。

前　言

　　能源问题一直是中国发展的焦点问题。目前中国能源消耗严重，环境污染等问题日益突出，而提高能源效率是解决这些问题最直接有效的途径。在中国经济转型的关键时期，提高能源效率成为实现经济发展可持续化的关键。制造业作为中国经济发展的支柱行业，具有高能耗的特点，而且其能源效率处于较低水平。因此，以制造业为研究对象，对其能源效率进行研究，可以对提高中国整体的能源效率水平产生重要影响。

　　本书分析中国节能政策在国家层面、工业层面、制造业层面和高耗能产业层面的应用，可以看出，中国节能政策大多是通过提高能源效率来实现能源节约。但是，进一步分析中国能源消费现状可以发现无论是在国家层面、工业层面、制造业层面还是在高耗能产业层面，提高能源效率对能源消费总量并没有显著的抑制作用。能源效率与能源消费总量这对矛盾主要来源于经济增长过快、产业结构重型化和能源回弹效应。其中，回弹效应是非常重要的因素之一，也是中国在节能政策制定中忽略的重要因素。

　　本书以制造业为研究对象，建立SFA模型，对制造业细分行业在2000～2014年的全要素能源效率进行了测算，并将制造业按要素密集度划分成技术密集型、劳动密集型和资本密集型三种类别，对比分析了三种要素密集型行业及制造业整体能源效率的特点。在此基础上，选取技术进步、资本深化程度、能源价格、企业规模、能源消费结构、对外开放六种因素，建立面板数据的个体固定效应模型，并分析各因素对不同类型行业能源效率的影响。

　　技术进步可能会引起能源回弹效应，进而弱化其对能源效率的影响。本书分析了技术创新、产业结构、能源价格和能源供给等因素对回弹效应的影响作用机制。在此基础上，应用超越对数成本函数构建要素成本份额方程，并运用动态最小二乘法对模型进行修正，在考虑能源价格非对称性的情形下测算了能源回弹效应。在证实回弹效应存在并分离回弹效应影响的情形下，进一步研究了技术进步对制造业及不同要素密集型行业能源效率的影响。

　　本书通过对制造业能源效率进行测算，发现其各细分行业的能源效率具有较大差异，而且多数行业表现出较低的能源效率。制造业整体能源效率仅为0.574，仍有较大的提升空间。从要素密集型分类行业来看，其能源效率最高的是技术密集型行业，最低的则是资本密集型行业。虽然对于劳动密集型行业来说，其能源效率不是很高，但其增长速度相对最快。通过能源效率影响因素的分析可以发现，能源价格和资本深化程度与能源效率呈正相关；煤炭消费比重和对外开放与能源效率呈负相关；企业规模对制造业整体及资本密集型行业表现出显著的正向作用，却对劳动密集型行业表现出负向作用。最初模型结果显示，技术进步对制造业整体的能源效率影响不显著，甚至对技术密集型行业的能源效率起到抑制作用，而分离出回弹效应的影响后，却发现技术进步对各行业的能源效率均具有显著的正向作用。最后根据研究结果，为提高制造业的能源效率提供了一些相应的政策建议。

本书得到了国家自然科学基金青年科学基金项目(71303066)、国家社会科学基金(17BGL204)和中央高校基本科研业务费计划项目(HEUCFP201834、HEUCFW170904、HEUCFW170908、HEUCF170903)的资助。感谢作者主持的国家自然科学基金青年科学基金项目(71303066)课题组成员，尤其是作者的硕士研究生陈昊和李呈祥，他们为本书的撰写付出了辛勤的工作！

中国制造业的绿色制造与低碳发展问题是一个复杂的边缘性科学研究问题，无论是理论研究还是实践中战略目标的实现都需要漫长的一段路。尽管作者力求完善，但由于作者的学识和学术水平有限，书中难免存在不足之处，望读者批评指正。本书的出版，得到了科学出版社的大力支持，在此深表感谢！

艾明晔

2018 年 12 月 15 日于哈尔滨

目　　录

第1章 绪　　论

1.1　研究背景、目的及意义

1.1.1　研究背景

目前，中国经济发展正从高速增长向中高速增长过渡，但仍保持着较高的能源消费状态。与此同时能源的过度消费带来了越发严重的环境问题，严重影响了人们的生活质量。目前，中国经济仍然延续着高能耗、高污染的粗放型发展模式。能源效率较低、能源浪费严重、环境质量不断恶化等问题严重影响了中国的经济发展速度和质量，也影响了中国在应对气候变化和碳减排方面的国际话语权。能源效率问题已经成为制约中国发展的关键点，是中国经济发展道路上亟须解决的重要问题之一。

提高能源效率可以有效地降低能源消费，可是近年来随着能源效率的提高，能源消费总量却迅猛增长。"十一五"期间中国设定的目标为单位国内生产总值(GDP)能耗下降20%，虽然实际上只完成了19.06%，但是这也说明了中国的能源效率正在不断提高。然而，同一时期中国的能源消费总量累计增长了32.11%，这说明在能源效率提高的同时能源消费总量也在快速增长。从图1.1 2000～2014年中国的能源消费量趋势图中可以发现，在2000～2014年，

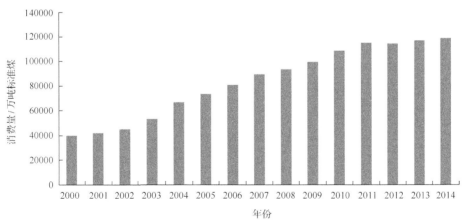

图1.1　2000～2014年中国的能源消费量趋势图

中国的能源消费量总体上逐年增加(2012 年出现下降)。对此我们产生了疑问:能源效率的提高真的能对降低能源消费起到决定性的作用吗?

能源效率和能源消费的关系让人感到意外而又在情理之中。实际上,能源效率的提高需要考虑回弹效应,因为能源效率的提高会导致能源价格和相关服务的实际价格下降,并且至少部分抵消了由于能源效率提高而节省下来的能源。在产出一定的情况下,能源效率的提高导致相对于其他可替代能源的要素投入而言,能源价格相对下降,这会进一步导致生产者使用能源去替代其他要素投入,从而增加能源要素的投入。因此,提高能源效率的政策工具并不会像事先预测得那么有效。

工业是最大的能源消费部门,工业所消费的能源约占全世界能源消费总量的 40%。制造业作为一国工业和国民经济发展的基石,是国民经济发展的主要推动力,在国民经济中占有举足轻重的地位。在中国经济高速发展的大环境下,约 1/3 的国内生产总值是由制造业创造的,而且制造业为中国 8000 万以上的人口提供了就业岗位,解决了庞大的就业问题。但与此同时,中国制造业具有高耗能的特点,据统计制造业在 2014 年消耗了 24.5 亿吨标准煤,而当年中国的能源消费总量为 42.6 亿吨标准煤,换句话说,制造业的能源消费量占中国能源消费总量的 57.5%。因此,要改变这种情况,就必须要从以高能耗为支撑、以环境污染为代价的"先发展后治理"的发展方式中解脱出来,加强技术创新,促使经济发展由资源驱动向技术驱动逐渐转变,提高能源效率,增强人们的节能意识,提倡经济的绿色发展。

1.1.2 研究目的

本节以中国制造业为研究对象,对不同要素密集型制造业的能源效率进行研究,分析各因素对能源效率的作用关系。此外,在分析技术进步这一因素时,要考虑技术进步可能会引起能源回弹效应,从而影响其对能源效率的促进作用,使得在实证分析时误判其对能源效率的影响。因此,本书分析能源回弹效应的形成机制,通过测算制造业能源回弹效应,并将其作为一重要影响因素引入能源效率影响因素模型中,使得其与技术因素形成分离,从而在此情形下进一步分析技术进步对能源效率的影响。另外,在实证研究的基础上,从理论上提出改善能源效率、实现节能减排的政策和建议。

1.1.3 研究意义

理论上,现有研究在分析能源效率的影响因素时,直观分析普遍认为技术因素对能源效率理应具有促进作用，但实证研究得出的结论却参差不齐，其显示技术因素对能源效率的作用分别表现出了促进、不明显、抑制三种不同的情形，特别是技术进步抑制能源效率提高的结论与理论分析具有较大差异。因此本书以制造业及其细分行业等具体行业为研究对象，运用随机前沿模型对能源效率进行了测算，而且在选择生产函数时选择了包容性更强的超越对数(translog)函数形式，从而使得测算结果更为精确。另外，在能源效率影响因素分析时引入了能源回弹效应。理论上技术进步可以促进能源效率提高，但是随着技术进步，经济系统会对能源产生更大的需求，即产生了回弹效应，该效应的存在对技术进步产生的积极影响起到了消融作用。通过引入回弹效应可以进一步分析技术进步对能源效率的影响，同时也对技术进步抑制能源效率这一反常现象给出了解释。在测算能源回弹效应的过程中，本书采用超越对数成本份额函数测度回弹效应，尤其是更加贴近现实情况地测算当能源价格发生非对称性变化产生的回弹效应，即能源价格下降时产生的回弹效应。并进一步探讨技术创新、产业结构、能源价格和能源供给充足程度对回弹效应的影响。

现实中，中国正处于工业化、城市化快速发展的重要战略阶段，能源消费量日益增长，能源供需矛盾日益加剧，能源依赖势必会成为制约中国经济发展的瓶颈，而制造业又是中国国民经济发展的支柱产业。在此背景下，提高制造业不同行业的能源效率、控制能源消费，建立资源节约型、环境友好型社会被放在工业化、现代化发展战略的突出位置。能源回弹效应的大小决定了能源效率提高究竟能在多大程度上降低能源消费，也直接关系到能源政策的作用效果。因此，本书通过研究制造业各行业的能源效率，分析各因素对制造业能源效率的影响，研究制造业不同行业的能源回弹效应及其如何影响能源效率，有助于政府对各行业制定差异化的能源效率政策，积极发挥各影响因素对能源效率的作用，实现节能减排的战略目标。

1.2　国内外研究现状

1.2.1　能源效率测算

目前，众多学者主要从单要素能源效率和全要素能源效率两个角度出发对能源效率进行测算和研究。单要素能源效率仅考虑了能源单一投入要素，在实证分析中常用能源强度来衡量能源效率。Alcántara 和 Duarte 对欧盟国家之间的能源强度进行了研究，认为产业内的需求效益和直接能源强度效应造成了其之间的差异[1]。Mielnik 和 Goldemberg 以 20 个发展中国家为研究对象，通过相关数据分析发现国外直接投资(FDI)技术溢出效应对降低能源强度起着重要作用[2]。刘畅等通过对中国单要素能源效率的研究发现，较之经济增长速度，能源强度增长更快[3]，李世祥的研究发现制造业中多数非能源行业也呈现此特点[4]，杨中东发现这一特点主要是中国经济快速扩张的经济周期所致[5]。

　　能源强度作为评价单要素能源效率的主要指标，仅是以能源消费量与 GDP 之比来衡量。虽然能源强度具有直观、计算简单的特点，但是在实际的生产过程中，经济产出受到不同生产要素组合投入共同作用的影响，而能源强度只是分析了能源这一种生产要素因素，并未考虑其他要素。因此这种单要素能源效率衡量方法无法综合反映其他投入生产要素的投入可能对能源表现要素产生的替代效应，往往会使真实的能源效率值形成偏离。张唯实认为单要素能源效率以能源消费与 GDP 之间呈线性关系为前提假设，能源强度的降低反向影响了 GDP 的增长，而且其可能夸大了能源在经济发展中的作用程度[6]。而全要素能源效率综合分析了多种生产要素对产出指标的影响，而且可以进一步分析不同要素间的替代关系，弥补了单要素能源效率指标的不足，因而得到现今学者的广泛应用。

　　现有文献有关全要素能源效率的研究大多是通过建立数据包络分析(DEA)模型或随机前沿分析(SFA)模型进行相应估计，对能源效率的分析重点集中在区域和行业两个层面。就区域层面而言，Hu 和 Wang 运用 DEA 模型分析了中国能源效率所表现出的区域特征，发现中国中部地区能源效率值最低，而东部地区最高[7]，孟祥兰和雷茜的研究也得到了类似的结论[8]，而魏楚和沈满洪同样运用 DEA 方法对能源效率进行研究，却发现东北地区的能源效率最高[9]。续竞秦和杨永恒通过构建特定形式的能源距离函数，采用 SFA 方法对中国各省份的能源效率进行了研究，发现中国的能源效率整体仍处于较低水平，而且其数值表现从东向西呈递减趋势的区域特征[10]。王雄等运用 SFA 方法对中部六省的能源效率进行了研究，发现除江西外，其他五省的能源效率均在不断提高[11]。就行业层面而言，王秋彬以中国工业为研究对象，通过建立 DEA 模型对其能源效率进行了分析，发现煤炭采选业的能源效率最低[12]。而孙广生等采用同样的方法却得出这两个行业表现出较高能源效率的结论[13]。安岗等运用 SFA 方法对不同要素密集型行业进行研究，发现资源密集型行业的能源效率相对于其他类型行业处于较低水平[14]。陈关聚同样运用 SFA 方法，以中国制造业为研究对象，发现在 2003～2010 年，中国制造业各行业间的能源效率具有很大的差异，而且制造业的整体能源效率表现出先增加后停滞的状态[15]。

1.2.2 能源效率影响因素

1. 能源消费结构

Murtishaw 和 Schipper 通过对 1988～1998 年美国的能源效率进行研究，认为能源消费结构在改善美国的能源效率中起到了重要作用[16]。Fisher-Vanden 等的研究将中国的能源强度下降的原因归结为煤炭消费比重的下降[17]。Sinton 和 Fridley 认为由于煤炭的利用效率较低，在能源消费总量中占有较大的比重不利于能源效率的改善[18]。就国内学者研究而言，姚小剑等通过对中国的能源效率影响因素的分析，认为优化能源消费结构可以达到提高能源效率的效果[19]。曾胜和靳景玉通过分析能源结构和能源效率的关系，认为提高能源效率可以通过降低煤炭消费来实现[20]。姜磊和季民河的分析结果也显示煤炭消费比重与能源效率之间表现出负向影响，较高的煤炭消费对能源效率起到了很大的抑制作用[21]，但是这个结论并没有得到共识，其他学者如谭忠富和张金良得出了不同结论[22]。

2. 技术进步

Fisher-Vanden 等研究了中国能源密集型行业的能源效率，最终发现研发经费每增加 1 个百分点，能源强度减少大约 17 个百分点[17]。祝树金和许可瑞琳运用工具变量和广义矩估计(IV-GMM)方法测算了中国工业的能源效率值，并研究了其影响因素，也得出研发投入的增加有利于改善中国工业整体的能源效率[23]。陈晓毅通过构建自回归分布滞后(ARDL)模型对能源效率进行了分析，发现技术进步不仅长期内能够对能源效率产生有利的影响，而且短期内能显著提高能源效率[24]。李廉水和周勇对中国工业进行研究，认为技术进步与能源效率具有显著的正向关系，并且这种作用关系随时间变化而逐渐变强[25]。王群伟等利用 ARDL 方法，首次从动态视角探讨技术进步与能源效率的联系，得出该因素对能源效率的提高可以产生促进作用[26]。但孙广生等却得到与王群伟等的观点相反的结论，他们认为技术进步对能源效率表现出了抑制作用[13]。王群伟和周德群解释了这一反常现象，认为技术进步引起了回弹效应，该效应的存在使得技术进步对能源效率的提高不再明显，甚至呈现抑制作用[27]。随后罗会军等考虑了外部空间因素的影响，分析了能源效率的演化特点，并利用索罗余量法(SRA)对回弹效应进行了测算，发现回弹效应是技术进步阻碍能源效率增长的主要原因[28]。另外，范如国和罗明通过构建空间计量模型和不变替代弹性(CES)生产函数对各省份的能源回弹效应进行了估计,进一步分析了回弹效应作用下,技术进步对能源效率的作用关系,结果表明该效应的存在使得技术进步抑制了能源效率的提升,而在分离回弹效应影响的情形下,技术进步则显著地促进了能源效率的增长[29]。

3. 能源价格

Newell 等认为技术因素固然对能源效率有显著作用,但其在一定程度上受能源价格的影响[30]。Miketa 和 Mulder 的研究也发现提高能源价格可以促进节能技术的进步,而且可以促其他生产要素对能源进行替代,进而对能源效率的提高产生有利影响[31]。Cornillie 和 Fankhauser 以一些经济转型国家为研究对象,利用有关的统计数据进行研究,也得出了能源价格可以对能源效率产生很大影响的结论,而且能源效率较高的国家往往集中在能源价格市场化相对较早的区域[32]。王俊杰等对不同国家的能源效率进行了分析,结果表明足够高的能源价格才会显著影响能源效率,而且这一影响对发展中国家更为明显[33]。孔婷等对中国能源效率进行了研究,发现能源价格的上升明显有利于改善能源效率[34],但袁晓玲等认为这种作用关系比较弱[35]。而黄山松和谭清美通过对不同要素密集型行业进行研究,却发现能源价格的提高抑制了能源效率的提高[36]。

4. 对外开放

Popp 认为对外开放可以促进技术进步,加快高效设备的投入使用,同时也能促使能源优化配置[37]。Myers 等也认为对外开放使得市场竞争更为激烈,企业为了在竞争中获胜必须要提高能源效率,从而提高一个国家整体的能源效率[38]。史丹的研究成果也表明对外开放确实与能源效率表现出了正相关的关系[39]。武盈盈和李燕以构造 Tobit 模型为基础,分析了能源效率的影响因素,结果表明对外开放对山东省工业部门产生了积极作用[40]。李未无利用计量分析模型分析了中国工业在 1999~2005 年对外开放对能源效率的影响关系,结果显示对外开放对能源效率表现出了显著的改善作用[41]。但是董利却发现对外开放对能源效率提升作用不显著,甚至产生了负向影响[42]。刘文君等基于DEA 模型测算了湖南省的能源效率,进而通过构建计量模型研究了其影响因素对其的作用关系,也发现对外开放对能源效率的增长产生不利影响[43]。曲晨瑶等在考虑环境约束的情形下,分析了各影响因素对制造业能源效率的影响,也发现对外开放对能源效率表现出负面影响[44]。

5. 企业规模

企业规模也是众多学者考虑到的影响因素。王姗姗和屈小娥采用 DEA 模型测算了中国制造业的能源效率，并对其影响因素做了进一步研究，发现企业规模的扩大对能源效率具有明显的促进效果[45]，黄山松和谭清美对制造业进行了研究，也得到了同样的结论[36]。徐胜和李晓璐采用同样的研究方法，对中国 30 个省份的工业能源效率特征进行了研究，发现企业规模对能源效率的改善具有明显有利的影响[46]。但涂正革和肖耿认为企业规模的扩大会伴随着企业内部结构的复杂化，从而造成资源浪费，对冲掉一部分规模效应对能源效率的正向作用，降低了企业规模对能源效率的影响程度，甚至对能源效率表现出抑制作用[47]。马爱文以中国工业为研究对象，认为企业规模对能源效率的作用不显著[48]，而王霄和屈小娥更是得出该因素抑制了能源效率提高的结论[49]。杨莉莉等运用 translog 生产函数形式的随机前沿模型测算了长江三角洲地区工业的能源效率，并通过构建面板数据的固定效应模型分析了其影响因素，结果表明企业规模的扩大抑制了能源效率的增长[50]。

6. 资本深化

郑超愚认为在中国这一特殊发展特征的大背景下，资本深化将会促进能源效率的提高[51]。杨文举也认为资本深化可以促使对能源进行替代，同时也能促进技术创新，改善能源效率[52]。但赵领娣和张乐乐认为适度的资本深化可以促进技术进步，进而有利于能源效率的改善，但过度的资本深化则会阻碍能源效率的提高[53]。魏楚和沈满洪通过构建变截距的固定效应模型分析了能源效率的影响因素，也认为随着资本深化，本应与之相配的人力资本未能及时得到发展，从而制约了能源效率的提高[9]。张志辉通过构建 DEA 模型，对中国区域能源效率进行了研究，结果也表明资本深化对能源效率表现出显著的负向影响[54]。

1.2.3　回弹效应测算

回弹效应最初由杰文斯在 1865 年提出，但众多学者直到近期才对这一问题进行了研究，尤其是 2017 年以来，该问题成为能源经济学界的一个关注热点。大量研究成果证明了回弹效应的存在，而且发展中国家的能源回弹效应远高于发达国家，能源回弹效应的存在甚至使得能源效率提高所节约的能源消费部分全部被抵消。

在国外已有的文献中，众多学者已经在微观的消费者能源服务的直接回弹方面进行了丰富的研究[55-58]，如在住房供暖、个人交通运输等方面对直接回弹效应进行测算，他们的测算结果相对而言相差比较大，在 1%～60%，采用的方法多为非线性单方程或者三阶段最小二乘法(3SLS)求解的联立方程。Bentzen 估计了美国制造业的直接回弹效应，结果显示其对非对称能源价格影响的结果为 24%[59]。Joyashree 等选取印度 1973～1993 年的数据测算出制造业的回弹效应为 80%[60]。Grepperud 和 Rasmussen 使用一般均衡模型检验了挪威不同部门的数据，发现在挪威的经济发展中制造业的回弹效应相对于其他部门特别大[61]。Saunders 利用美国历史数据进行了综合分析，使用了 30 个生产部门的数据估计了直接回弹效应，其中包括替代效应和产出效应，发现产出效应只贡献了直接回弹效应的 5%～20%[62]。

周勇和林源源发表了国内第一篇关于能源回弹效应的文献，在考虑中国能源价格数据难以获得且存在较大的区域差异，以及现有能源价格体系的非市场性等因素的基础上，提出了一种替代性方法，即利用技术进步、经济增长、能源强度与能源消费之间的逻辑关系推导出回弹效应的替代测算模型，并利用全要素生产率(TFP)对广义的技术进步进行度量，进而采用索洛余值法对其进行求解，测算出中国宏观经济层面的回弹效应大小[63]。由于上述方法具有数据可得性强和计算简便等优点，之后发表的文献很多沿袭了他们的研究思路，只是在计量分析方法和数据样本方面有所调整[64-66]。然而，周勇和林源源[63]首创的研究思路也存在一定的缺陷，他们主要是从定义出发来看回弹效应的产生源于能源效率的改进，但能源使用效率的改进并不包括来自资本、劳动及其他要素利用效率进步所引起的广泛的改进。因此，运用全要素改进的方法来测算回弹效应会把其他要素的影响一并测算在内。Lin 和 Liu 采用中国 1981～2009 年的数据测算得到中国基于技术进步的能源回弹效应为53.2%[67]。邵帅等则基于内生增长理论框架首次提出了能源回弹效应的理论模型，并利用状态空间模型对中国的整体经济回弹效应进行了测算，得到中国改革开放后短期和长期的回弹效应分别为 27.39% 和 81.2% 的结论[68]。黄纯灿和胡日东则对中国 1980～2012 年的数据进行研究，得到中国的能源回弹效应高达 151%，存在着明显的"回火"效应[69]。

与先前的研究不同，国涓等基于替代效应的思想，利用 translog 成本函数，在考虑非对称能源价格影响的条件下，构建联立方程并采用似不相关回归(SUR)方法，对中国工业部门的回弹效应进行了测算。由于他们利用能源价格弹性来表征能源效率的改进并对非对称能源价格因素予以控制，其研究结果在稳健性方面较之前的研究有明显的提高[70]。就工业部门而言，Lin 和 Li 运用 translog

成本函数,通过对中国 1980～2012 年或 1990～2012 年的能源回弹效应进行研究,得出中国重工业的能源回弹效应为 74.3%[71],轻工业为 37.7%[72],纺织业为 20.99%[73],食品业为 34.39%[74]。邵帅等则基于内生增长理论框架首次提出了能源回弹效应的理论模型,并在其基础上利用状态空间模型在生产函数规模报酬递增和要素产出弹性可变的合理假设下,对中国的整体经济回弹效应进行了更为准确的测算,在理论机制和测算思路上均进行了有益尝试[68]。张江山和张旭昆采用了邵帅等的思路,但是所采用的计量模型与之不同[75]。查冬兰和周德群[76]、胡秋阳[77]都采用了可计算一般均衡(CGE)模型对中国宏观经济层面的回弹效应进行了测算,但由于两者在时期划分、子部门划分及基准能源效率值的选取等方面存在差异,二者的研究结果相差较大。

表 1.1 梳理了国内外关于回弹效应研究的代表性研究方法和结果。

表 1.1 代表性回弹研究方法和结果

文献	思路	方法	样本数据	时期跨度	回弹效应
周勇和林源源[63]	索罗余值法、利用 TFP 度量技术进步	岭回归	全国整体	1978～2004 年	30%～80%
刘源远和刘风朝[64]	索罗余值法、利用 TFP 度量技术进步	广义最小二乘法	28 个省份面板数据	1985～2005 年	平均为 53.68%
王群伟和周德群[65]	在周勇和林源源[63]的基础上考虑技术效应	对数平均迪氏指数法、最小二乘法	全国整体	1981～2004 年	平均为 62.8%
国涓等[78]	考虑非对称能源价格的影响并分析要素替代弹性	translog 成本函数	工业部门	1978～2007 年	39.48%
查冬兰和周德群[76]	对能源效率提高 4%的经济影响进行模拟	CGE 模型	7 个生产部门(全国整体)	2002 年	煤炭为 32.17%,石油为 33.06%,电力为 32.28%
冯烽和叶阿忠[66]	在周勇和林源源提出的思路[63]的基础上考虑空间技术溢出效应	空间误差模型	29 省份面板数据	1995～2010 年	−8.5%～62.48%
邵帅等[68]	规模报酬递增和要素产出弹性可变	状态空间模型	全国整体	1954～2010 年	改革开放后短期为 27.39%,长期为 81.20%
胡秋阳[77]	高能源消费和低能源消费产业能源效率分别提高 10%的比较分析	CGE 模型	全国整体	2007 年	总体能源消费及能源消费强度均大幅度下降
张江山和张旭昆[75]	规模报酬递增和要素产出弹性可变	固定效应模型	28 省份面板数据	1987～2012 年	85.89%

续表

文献	思路	方法	样本数据	时期跨度	回弹效应
Lin 和 Li[71]	考虑非对称能源价格的影响并分析要素替代弹性	translog 成本函数	中国重工业	1980～2012 年	74.3%
Lin 和 Tian[72]	考虑非对称能源价格的影响并分析要素替代弹性	translog 成本函数	中国轻工业	1980～2012 年	37.7%
Lin 和 Zhao[73]	考虑非对称能源价格的影响并分析要素替代弹性	translog 成本函数	中国纺织业	1990～2012 年	20.99%
Lin 和 Xie[74]	考虑非对称能源价格的影响并分析要素替代弹性	translog 成本函数	中国食品业	1990～2012 年	34.39%
Small 和 van Dender[79]	考虑在石油经济性标准不变的情况下，测算区分自相关和滞后效应的石油消费的收入弹性	3SLS	美国汽车运输部门州级数据	1966～2001 年	短期为 4.7%，长期为 22%
Frondel 等[80]	应用家庭生产方程分析乘用车能源效率提高后引起汽车能源消费的回弹效应	双对数方程，固定效应面板回归模型	德国汽车运输部门	1997～2005 年	长期为 57%～67%
Hymel 等[81]	考虑了汽车能源效率提高后道路的拥堵效应和回弹效应	联立方程模型	美国汽车运输部门州级数据	1966～2004 年	短期为 4.7%，长期为 24.1%
Matos 和 Silva[82]	测算能源效率提高后能源价格变化的需求弹性作为回弹效应	两阶段最小二乘法	葡萄牙汽车运输部门	1987～2006 年	24.1%
Greene[83]	将燃油价格和燃油效率分开后考虑	线性滞后调整模型双 log 形式	美国全国汽车运输部门	1966～2007 年	短期为 3.1%，长期为 13.1%
Haas 和 Biermayr[84]	测算家庭取暖系统改造前后的能源消费变化率作为回弹效应	最小二乘法	奥地利家庭取暖数据	1970～1995 年	20%～30%
Nesbakken[85]	线性联立方程	Logit、IV	挪威家庭取暖数据	1990 年	15%～55%
Guertin 等[86]	先测算出来家庭取暖的能源效率，再按照家庭收入分组分析能源的收入弹性	双对数联立方程模型	加拿大家庭取暖、家电和照明数据	1993 年	水暖为 33%～39%，其他采暖为 34%～51%，家电和照明为 32%～49%
Davis[87]	通过准随机实验，运用家庭生产模型分析当消费者免费得到高效洗衣机后洗衣量和价格弹性	Tobit、FE	美国家用洗衣机数据	2006 年	5.6%
Freire-González[88]	双对数单方程模型	双对数方程，固定效应面板回归模型	西班牙加泰罗尼亚地区用电数据	1991～2006 年	短期为 35%，长期为 49%

1.2.4 回弹效应形成原因

1. 技术创新

技术创新引起的能源效率提高不仅会引起能源服务需求的增加,同时能源服务需求的增加也会推动能源效率的改进[89],所以这两者是一个双向循环、互为因果的关系。能源服务需求量取决于能源服务成本的大小,而能源服务成本又取决于能源效率的高低,反过来能源服务需求又促进能源效率的提高[90]。因此,对生产技术进行持续的技术创新以提高能源效率水平是生产成本最小化的激励结果,在一定程度上,技术创新对能源效率改进的程度也决定了回弹效应的大小,能源效率水平越高,能源的产出率就越高。鲁成军和周端明在研究技术进步对能源替代弹性的影响时,发现如果没有技术进步,能源的价格自弹性会增加150%[91]。所以,技术创新是影响能源回弹的重要因素之一。

2. 产业结构

产业结构调整会对能源回弹效应产生显著的影响,这在以往的文献中得到了充分地体现,如冯峰和叶阿忠[66]的研究结果显示东中西部地区的不同的产业结构(能源消费的高低)和居民消费结构的不同会导致不同的回弹效应[65];胡秋阳的研究表明高低能源消费不同的产业结构对一次和二次能源的消费不同,从而其结构会影响最终的能源回弹效应[77];张江山和张旭昆的研究结果也揭示了东中西部地区产业结构不同导致回弹效应的差异等。所以产业结构是影响能源回弹效应的重要影响因素之一[75]。

3. 能源价格

回弹效应能够引起能源价格的变化,同样地,能源价格也会对回弹效应产生反作用。Bentzen 的研究结果表明美国 1949~1999 年能源价格自弹性为47.5%,价格上涨的弹性为 52.4%,价格下降的回弹效应为 24%[59]。所以,在能源价格市场化的情况下,能源价格上涨有可能抑制能源消费的增长。Sorrell和 Dimitropoulos 认为合理的能源或(和)碳排放的定价机制能够在能源效率提高时,通过使能源服务的成本维持在一个相对稳定的水平,从而达到控制直接和间接回弹效应的目的[92]。

1.2.5　节能政策研究

Greening 等基于对美国能源部门的分析指出仅仅依靠能源效率改进的气候政策(降低碳排放)难以达到预定目标,还需要包括能源税和其他激励政策等政策工具来对通过改进能源效率而实施的减排政策进行加强,如果不配合政策工具,那么技术进步所节约下来的碳排放和能源会因为回弹效应损失掉显著的一部分[93]。

Grepperud 和 Rasmussen 通过对挪威经济部门的能源消耗变化进行对比,发现技术进步使得部门间的能源消费变化并不是很明显,所以在政策上不必过度担忧回弹效应,而应该鼓励能源效率的改进和技术创新[61]。进一步,Sorrell 等通过测算发现经济合作与发展组织(OECD)国家消费端的长期直接回弹效应都小于 30%,因此以能源效率改进为目标的政策在总体节约能源上是有效果的[58]。

基于中国生产部门,如重工业部门[71]及中国消费部门,以及 30 个省份城市居民用电数据的实证分析[57],表明在能源效率发生改进时,都存在回弹效应削减了节能政策的效果。如果提高节能减排的效果,必须配合保持能源价格不变的政策,如能源税和适当的能源价格改革[63,94]。中国能源价格的非市场化因素导致能源价格偏低,不能真实地反映市场供求关系,所以必须要在能源领域引入竞争机制,用市场化的手段来规范价格[78]。邵帅等认为需要引入价格、税收等一系列市场导向型的辅助性政策组合对回弹效应加以限制才能把潜在的节能效果引出来,而单纯地依靠改进能源效率的节能政策不能解决全部的问题[68]。通过进一步分析相关政策,薛澜等提出了三点建议:第一,建立适合中国的测算回弹效应的模型;第二,建立合理的能源价格体系;第三,进行消费者和生产者行为反应的探索研究。并通过有效的公共政策引导个人消费行为、家庭生活模式和企业生产行为向节能减排的方向发展,这些政策既包括价格、非价格管制等约束政策,也包括宣传、教育等引导性政策[95]。

1.2.6　研究现状评述

目前关于能源效率的测算和因素分析取得了很大的进展。在测算方法上,多数文献对能源效率测算采用 DEA 模型,该方法会引起各决策单元投入要素"松弛"问题。对于能源效率的研究范围多为国家总体或者区域性研究,对制造业及其不同类别制造业能源效率的研究相对较少。对于其影响因素的分析,多数文献普遍采用计量模型进行探讨,但选取的因素指标有所不同,而且即使是分析同一种因素对能源效率的作用关系,最终的结果也有很大差别,甚至会得到截然相反的结论。另外，在分析技术因素对能源效率的作用时，众多学者发现该因素对能源效率表现出的负面作用可能源于回弹效应的冲击，虽然众多学者普遍证实了回弹效应的存在，但研究技术进步对能源效率的影响时没有将其与回弹效应造成的负面影响区分开，而且也很少从回弹效应角度出发进行政策分析。因此，本书利用 translog 函数形式的随机前沿模型对制造业能源效率进行了测算，测算结果更为精确，而且通过测算回弹效应并将其引入模型中，从而可以在分离回弹效应负面影响的情形下进一步研究技术进步对能源效率的影响。

1.3 研究内容和方法

1.3.1 研究内容

第 2 章分析中国节能政策及能源消费现状。首先，梳理中国政府历年来发布的与节能相关的政策，从国家层面、工业层面、制造业层面和高耗能产业层面梳理在不同发展时期节能政策的重点关注领域。其次，分析 1980～2012 年能源消费总量和能源强度的变化趋势，可以看出能源强度无论是在国家层面、工业层面、制造业层面还是高耗能产业层面都一直在提高，而与此同时，能源消费总量无论是在国家层面、工业层面、制造业层面还是高耗能产业层面也都一直在提高。对此现象，本书从经济增长速度快、产业结构重型化和回弹效应三个方面分析了能源强度改善和能源消费量激增同时存在的原因。

第 3 章分析中国制造业能源效率相关理论。首先界定制造业、能源生产率和能源效率的概念，其次从单要素能源效率和全要素能源效率两个角度分析了能源效率的测度，最后从众多影响因素中选取了能源消费结构、技术进步、能源价格、对外开放、企业规模、资本深化程度六种因素，从理论上分析了各因素对能源效率的作用关系。

第 4 章分析中国制造业能源效率测度。通过方法的比选，最终建立了 SFA 模型，测算制造业各行业及制造业整体和不同要素密集度行业的能源效率，分析行业及不同类别制造业能源效率的特点，同时也分析了行业间及不同类别制造业间能源效率的差异性。

第 5 章分析技术进步对能源效率的影响——回弹效应形成机制。首先定义了制造业和能源回弹效应。其次将回弹效应分成了直接回弹效应、间接回弹效应和整体经济回弹效应三类并进行分类说明。再次分析了回弹效应的四个影响因素，包括技术创新、产业结构、能源价格和能源供给。最后给出了在上述因素作用下的回弹效应形成机制。

第 6 章建立制造业回弹效应模型测算能源回弹效应。首先在推导能源份额方程的基础上建立基于 translog 成本函数的成本份额方程模型，并且在考虑时间序列的影响下采用动态最小二乘法对模型进行修正，再用似不相关回归对模型进行估计。其次，使用数据先估计对称价格下回弹效应的估计值，再引入不对称价格响应机制估计真实的回弹效应值。最后在估计值的基础上对制造业的回弹效应进行分析，得出制造业回弹效应的成因有四点：技术创新上存在资本设备更新慢，产业结构上存在重型化，能源价格上存在非市场化，能源供给上存在供给瓶颈。

第 7 章是中国制造业能源效率影响因素实证分析。首先对所选的六种影响因素指标进行说明，然后通过 F 检验和豪斯曼(Hausman)检验最终分别对制造业整体及三种不同要素密集型制造业建立面板数据的固定效应模型，根据各因素前的估计系数分析各因素对行业能源效率的作用关系。其次考虑到能源回弹效应的影响，运用 translog 成本函数对制造业的能源回弹效应进行了测算，而且在此过程中应用了动态最小二乘法对方程做了进一步的修正，同时也考虑了能源价格的非对称性，使得测算结果更为精准。最后在引入回弹效应这一因素的情形下，进一步分析了技术因素对能源效率的影响，并与最初的估计结果进行了对比分析。

第 8 章分析降低回弹效应的相关政策建议。本章从调整能源供给结构、深化能源价格改革、推进产业结构调整、制定产业及能源政策、加强资本深化、加大研发投入、防止对外开放陷阱及避免企业规模盲目扩大八个角度，从宏观、产业、企业三个层面分析了提高能源效率的政策建议。

1.3.2　研究方法

(1)SFA 法。DEA 法和 SFA 法是衡量全要素能源效率的两种最常用的方法，但 DEA 法所构造的生产前沿面具有固定形式，其可能会导致测算值的大小产生偏差。因此本书采用 SFA 法测算制造业的能源效率，分析该行业及其各细分行业的能源效率特征。且在选取生产函数形式时，采用包容性更强的 translog 函数形式。

(2)面板数据分析法。对面板数据的分析可以建立混合回归模型、个体固定效应模型、个体随机效应模型三种模型，其各有特点及适用范围。本书运用 F 检验判别混合回归模型和个体固定效应模型的选取，运用 Hausman 检验判别个体固定效应模型和个体随机效应模型的选取，最终决定建立个体固定效应模型，分析各影响因素对行业能源效率的作用关系。

(3) translog 成本函数法。本书中一个重要的工作就是估计制造业回弹效应的大小。由于 translog 函数形式灵活，且具有良好的包容性和易估计的优势，同时为了与 SFA 分析中所设定函数形式的一致性，本书采用 translog 成本函数建立模型对回弹效应进行估计。回弹效应主要来源于能源效率的提高引起的能源实际价格的下降，由此导致节能成效不佳，确切地说，回弹效应与能源价格的下跌密切相关。因此为准确度量回弹效应，本书考虑了能源价格的非对称性，将能源价格进行了拆分，仅将累计历史减量这部分作为反映能源价格的因素加入模型中。同时为了解决模型中可能存在的序列相关问题，本书在测算回弹效应时采用了动态最小二乘法对方程做了进一步修正。

1.4 研 究 特 色

(1) 本书在前人研究的基础上对制造业各具体行业的能源效率进行了进一步研究，通过对制造业进行分类，探讨了各因素对各类别行业能源效率的影响。众多学者分析能源效率问题时大都从区域角度出发，研究各地区能源效率值的大小，淡化了从行业层面分析的重要性，而且对行业进行研究时很少具体到各细分行业。制造业作为中国的支柱性行业，是国家制定能源政策的基本出发点，对研究其对节能目标的实现具有更大的现实意义。不同行业必有其各自的特点，正因为如此，同一种因素对不同行业的能源效率的作用也不尽相同。本书从制造业出发，测算其能源效率，并且从中观层面上选取不同要素密集型制造业作为研究对象，分析了各因素对能源效率的作用关系，从而可以依此制定行业差异化能源政策。

(2) 本书建立了能源价格、能源供给、技术创新和产业结构四个因素对能源回弹效应的形成机制。目前，有关能源回弹效应的文献对回弹效应的形成机制及其影响因素论述得相对较少，没有完全进行分析。本书创新性地通过能源价格、能源供给、技术创新和产业结构四个因素对回弹效应的形成机制进行分析，从这四个角度结合本章的测算结果分析了制造业回弹效应产生的原因并且提出了降低回弹效应的政策建议。

(3) 在对制造业能源效率的估计方法上，本书通过建立基于 translog 函数形式的 SFA 模型，对制造业的能源效率进行了估计。对能源效率的影响因素进行分析时发现，现有文献大都是采用能源强度这一指标，并将其作为回归方程中的因变量，但是能源强度作为单要素能源效率指标，未能考虑各要素对产出的共同作用关系及要素间的替代关系，未能充分反映能源效率的大小。而全要素能源效率指标，能够更准确地衡量行业的能源效率，因此本书使用了全要素能源效率指标，采用 SFA 方法对能源效率进行了测算。另外，translog 函数可认为是任意函数的二阶泰勒展开式的近似，可以降低因函数形式误设对测算结果造成的误差，因此本书在构建模型时选用了 translog 函数形式的生产函数。

（4）本书关注了不对称价格对能源回弹效应的响应问题并测算了相应的结果。国内外在对能源回弹效应进行研究时普遍把能源价格上升和下降当作同一个过程来处理，即能源价格是对称的。这样做可以简化对能源回弹效应的测算过程，但是会引起一个问题，即如果能源价格上升引起能源需求量的变化和能源价格下降引起能源需求量的变化不一致的话，那么原本的测算结果就是非真实有效的。本书在实证的基础上证实了能源价格实际上是不对称的，并且在不对称响应机制下通过拆分能源价格并将其代入用动态最小二乘法修改后的 translog 成本份额方程测算了中国制造业真实的能源回弹效应。

（5）本书在研究能源效率影响因素时引入了能源回弹效应。一般研究往往直接分析技术进步对能源效率表现出的作用关系，并未考虑技术进步导致的能源回弹效应对能源效率造成的负面影响，从而得出了技术进步对能源效率的作用结果与理论分析有很大的区别，甚至表现出技术进步抑制能源效率增长的反常现象。虽然有学者认为能源回弹效应可以对这一现象进行解释，但现有研究仍很少具体考虑回弹效应这一因素。本书通过在模型中引入这一因素，将其对技术进步作用于能源效率的负面影响进行了分离，从而可以进一步分析技术进步对能源效率的影响。

第 2 章　中国节能政策及能源消费现状分析

2.1　中国节能政策分析

中国现行的节能减排政策，可分为法律法规和财税政策两大类。其中，法律法规包括国家发展规划、节能减排相关法律和法规条例；财税政策包括节能减排税收优惠政策和财政补贴等。此外，围绕节能减排政策而进行的管理体制改革、节能减排技术和标准的推广应用，也属于节能减排政策的范畴[96]。

国家统计局发布的《中华人民共和国 2016 年国民经济和社会发展统计公报》显示，经初步核算，中国 2016 年全年能源消费总量为 43.6 亿吨标准煤，比 2015 年增长 1.4%。根据国家统计局公布的资料显示，2006～2016 年，中国以年均 9.4%的能源消费增长支撑了年均 10.3%的 GDP 增长，能源消费增长与经济增长处于脱钩状态。

但是，中国的节能降耗形势依然严峻。2011 年中国一次能源消费总量已超过美国，2012 年中国一次能源消费总量为 36.2 亿吨标准煤，消耗了全世界 20%的能源。中国单位 GDP 能耗是世界平均水平的 2.5 倍、美国的 3.3 倍、日本的 7 倍，同时高于巴西、墨西哥等发展中国家。中国每消耗 1 吨标准煤仅创造 14000元的 GDP，而全球平均水平是消耗 1 吨标准煤创造 25000 元的 GDP，美国的平均水平是消耗 1 吨标准煤创造 31000 元的 GDP，日本的平均水平是消耗 1吨标准煤创造 50000 元的 GDP[①]。从中国能源消费基数如此之大、能源效率如此之低，可以看出来节能减排、提高能源效率的任务依旧非常艰巨。

近年来，工业的能源和电力需求占到了能源总需求的 70%左右，而钢铁、有色、建材三大行业的能源需求占到了工业总需求的 40%[97]。在供给侧结构性改革的作用下，随着中国重点高耗能行业生产规模逐步走向拐点及能源供应结构的持续优化，中国经济发展规模将继续走向绿色化、低碳化的新阶段。

此外，中国对世界承诺到 2030 年单位 GDP 二氧化碳排放比 2005 年下降 60%～65%、非化石能源占一次能源消费比重达到 20%左右、二氧化碳排放在 2030 年左右达到峰值，为全球降低气候风险做出贡献。

---

① 具体数字来源于中国工程院院士、原能源部副部长陆佑楣在"2013 能源年会暨第五届中国能源企业高层论坛"上的报告。

　　节能政策是为了提高能源利用效率、控制能源消耗和减少污染物排放而制定的一系列政策。改革开放以来，随着经济发展的速度加快，能源紧缺和排放压力逐渐成为制约国民经济发展的瓶颈。国务院及各部委相继出台了一系列节能政策，管理和规范经济生产中能源的开发和利用。在此按照时间顺序将国家出台的与节能相关的政策法规进行梳理。

　　1980年国务院出台了《关于加强节约能源工作的报告》和《关于逐步建立综合能耗考核制度的通知》，标志着节能作为一项专门工作已经被纳入国家宏观管理的范畴，同时国家成立了专门的能源管理机构，在大型企业中设置能源工程师和能源机构，制定了"必须加强能源的开发和建设，注意做好煤炭、石油工业生产调整和电力工业的完善配套工作，为能源生产迅速发展积极创造条件。当前要突出抓节能工作，特别要抓好节约用油"指导方针。1981年，国家计划委员会、国家经济委员会、国家能源委员会联合发布了《对工矿企业和城市节约能源的若干具体要求(试行)》。同年，国家计划委员会、国家经济委员会、国家能源委员会、财政部、国家物资局颁布了《超定额耗用燃料加价收费实施办法》。1985年，国家经济委员会颁布了《关于开展资源综合利用若干问题的暂行规定》。1986年，国务院颁布了《节约能源管理暂行条例》。1987年，国家经济委员会颁布了《关于企业节约能源管理升级(定级)暂行规定》。1991年，国家计划委员会又发布了《进一步加强节约能源工作的若干意见》。1997年，全国人民代表大会通过了《中华人民共和国节约能源法》。1999年，国家经济贸易委员会颁布了《中国节能产品认证管理办法》。为配合节能法及节能产品认证管理办法的实施，相关部委制定了一系列配套法规和政策，如《中国节能技术大纲》《固定资产投资"节能篇"编制和评估规定》《重点用能单位节能管理办法》《民用建筑节能管理规定》《中国节能产品认证管理办法》《能源效率标识管理办法》和《能源基础与管理国家标准目录》等。2000年，国家经济贸易委员会和国家计划委员会联合颁布了《节约用电管理办法》。2004年，国务院通过了《能源中长期发展规划纲要(2004—2020年)》(草案)。从此之后，中国政府常态化地在国家层面的发展规划中发布或者单独发布节能战略及能源发展规划。

　　本章将重点从国家层面、工业层面、制造业层面和高耗能产业层面四个层次来梳理中国主要的节能政策和规划性文件的出台情况。

2.1.1　国家层面

　　首先，梳理"国民经济和社会发展五年规划纲要"(简称"五年规划")中的节能政策。"五年规划"是中国国民经济的长期计划，为国民经济发展远景规定目标和方向，为中国的节能政策的制定和出台提供了战略性指导意见。

《国民经济和社会发展"九五"计划和2010年远景目标纲要》(简称《"九五"计划》)中，在提高资源利用效率方面，提出"实行全面节约战略，在生产、建设、流通、消费等领域，都要节粮、节水、节地、节能、节材，千方百计减少资源占用与消耗。坚持不懈地反对浪费行为。各行各业都要制定节约和综合利用资源的目标与措施，切实加以落实。"在能源节约方面，提出"加强节能立法和执法监督，制定节能标准和规范，强制淘汰高耗低效产品，大力推广高效节能产品。重点对冶金、有色、化工、建材及交通等行业进行节能技术改造。"

《中华人民共和国国民经济和社会发展第十个五年计划纲要》(简称《"十五"计划》)中，在节约保护资源方面，提出"坚持资源开发与节约并举，把节约放在首位，依法保护和合理使用资源，提高资源利用率，实现永续利用。"

从《中华人民共和国国民经济和社会发展第十一个五年规划纲要》(简称《"十一五"规划纲要》)开始，我国对每一项落实节约资源和保护环境基本国策都有具体的指导意见，如《"十一五"规划纲要》提出"建设低投入、高产出，低消耗、少排放，能循环、可持续的国民经济体系和资源节约型、环境友好型社会。"要求在资源开采、生产消耗、废物产生、消费等环节，逐步建立全社会的资源循环利用体系。要节约能源，实现结构节能、技术节能、管理节能，突出抓好钢铁、有色、煤炭、电力、化工、建材等行业和耗能大户的节能工作。加大汽车燃油经济性标准实施力度，加快淘汰老旧运输设备。制定替代液体燃料标准，积极发展石油替代产品。鼓励生产使用高效节能产品。要加强资源综合利用，推进工业废物利用，推动钢铁、有色、煤炭、电力、化工、建材、制糖等行业实施循环经济改造，形成一批循环经济示范企业。在重点行业、领域、产业园区和城市开展循环经济试点。加强生活垃圾和污泥资源化利用。要强化促进节约的政策措施，推行强制性能效标识制度和节能产品认证制度，增强全社会的资源忧患意识和节约意识。要求在资源开采、生产消耗、废物产生、消费等环节，逐步建立全社会的资源循环利用体系。

《中华人民共和国国民经济和社会发展第十二个五年规划纲要》(简称《"十二五"规划纲要》)中，要求落实节约优先战略，全面实行资源利用总量控制、供需双向调节、差别化管理，大幅度提高能源资源利用效率。抑制高耗能产业过快增长，突出抓好工业、建筑、交通、公共机构等领域节能，加强重点用能单位节能管理。强化节能目标责任考核，健全奖惩制度。完善节能法规和标准，制订、完善并严格执行主要耗能产品能耗限额和产品能效标准，加强固定资产投资项目节能评估和审查。健全节能市场化机制，加快推行合同能源管理和电力需求侧管理，完善能效标识、节能产品认证和节能产品政府强制采购制度。推广先进节能技术和产品。加强节能能力建设。开展万家企业节能低碳行动，深入推进节能减排全民行动。按照减量化、再利用、资源化的原则，减量化优先，以提高资源产出效率为目标，推进生产、流通、消费各环节循环经济发展，加快构建覆盖全社会的资源循环利用体系。加快推行清洁生产，在农业、工业、建筑、商贸服务等重点领域推进清洁生产示范，从源头和全过程控制污染物产生和排放，降低资源消耗。倡导文明、节约、绿色、低碳消费理念，推动形成与我国国情相适应的绿色生活方式和消费模式。鼓励消费者购买使用节能节水产品、节能环保型汽车和节能省地型住宅，减少使用一次性用品，限制过度包装，抑制不合理消费。开发应用源头减量、循环利用、再制造、零排放和产业链接技术，推广循环经济典型模式。深入推进国家循环经济示范，组织实施循环经济"十百千示范"行动。

《中华人民共和国国民经济和社会发展第十三个五年规划纲要》（简称《"十三五"规划纲要》）中，要求全面推动能源节约，推进能源消费革命。实施全民节能行动计划，全面推进工业、建筑、交通运输、公共机构等领域节能，实施锅炉（窑炉）、照明、电机系统升级改造及余热暖民等重点工程。大力开发、推广节能技术和产品，开展重大技术示范。实施重点用能单位"百千万"行动和节能自愿活动，推动能源管理体系、计量体系和能耗在线监测系统建设，开展能源评审和绩效评价。实施建筑能效提升和绿色建筑全产业链发展计划。推行节能低碳电力调度。推进能源综合梯级利用。能源消费总量控制在 50 亿吨标准煤以内。要求大力发展循环经济，实施循环发展引领计划，推进生产和生活系统循环链接，加快废弃物资源化利用。按照物质流和关联度统筹产业布局，推进园区循环化改造，建设工农复合型循环经济示范区，促进企业间、园区内、产业间耦合共生。建立健全资源高效利用机制，实施能源和水资源消耗、建设用地等总量和强度双控行动，强化目标责任，完善市场调节、标准控制和考核监管。建立健全用能权、用水权、碳排放权初始分配制度，创新有偿使用、预算管理、投融资机制，培育和发展交易市场。健全节能、节水、节地、节材、节矿标准体系，提高建筑节能标准，实现重点行业、设备节能标准全覆盖。强化节能评估审查和节能监察。建立健全中央对地方节能环保考核和奖励机制，进一步扩大节能减排财政政策综合示范。

从上述梳理"五年规划"中关于节能相关工作内容可以看出，《九五》计划》中，中国的节能减排工作是以节约为主的政策方针，到了《"十五"计划》是以开发与节约并举的能源发展方针。《十一五》规划纲要》以后节能减排工作大范围展开，在各个产业及减排具体目标等方面都给出了具体的发展规划和目标，从这个角度看，随着中国工业化和城镇化的进展、能源消费的迅猛增加，节能工作已经呈现出各个产业及全民共同参与的趋势。

其次，为配合"五年规划"中的节能工作落实，国务院及国家发展和改革委员会还发布了一系列的节能规划、资源利用综合方案以及指导意见，在此对该部分文件进行梳理。

《节能中长期专项规划》是中国在"十一五"期间至 2020 年之前发布的关于节能降耗的重要纲领性文件，由国家发展和改革委员会编写，经国务院同意于 2004 年 11 月 25 日发布。该文件把节能作为转变经济增长方式的重要内容；坚持节能与结构调整、技术进步和加强管理相结合；坚持发挥市场机制作用与政府宏观调控相结合；坚持依法管理与政策激励相结合；坚持全社会共同参与。提出节能目标：宏观节能量指标到 2010 年每万元 GDP（1990 年不变价，下同）能耗由 2002 年的 2.68 吨标准煤下降到 2.25 吨标准煤。2003～2010 年均节能率为 2.2%，形成的节能能力为 4 亿吨标准煤。2020 年每万元 GDP 能耗下降到 1.54 吨标准煤。2003～2020 年均节能率为 3%，形成的节能能力为 14 亿吨标准煤，相当于同期规划新增能源生产总量 12.6 亿吨标准煤的 111%，相当于减少二氧化硫排放 2100 万吨。

2007 年，依据《"十一五"规划纲要》《国务院关于做好建设节约型社会近期重点工作的通知》《国务院关于加快发展循环经济的若干意见》，国家发展和改革委员会发布了《"十一五"资源综合利用指导意见》，提出以提高资源利用效率和效益为目标，以技术创新和制度创新为动力，以企业为实施主体，加强法制建设，完善政策措施，逐步建立政府大力推进、市场有效驱动、全社会积极参与的适合我国国情的资源综合利用宏观管理体系，促进循环经济发展，建设资源节约型、环境友好型社会。

2011 年，为贯彻《"十二五"规划纲要》，落实节约资源和保护环境的基本国策，深入推进"十二五"时期的资源综合利用工作，促进循环经济发展，国家发展和改革委员会发布《"十二五"资源综合利用指导意见》，提出建立有利于促进资源综合利用的长效机制；坚持技术创新与高效利用相结合，强化科技创新能力建设，重点研发共性关键技术，推动资源综合利用规模化、清洁化、专业化发展；坚持因地制宜与重点推进相结合，根据资源禀赋和产业构成特点，培育综合利用示范基地和骨干企业，形成资源综合利用产业集群。

2014 年，在"十二五"末期为了完成《"十二五"规划纲要》的节能减排目标，国务院印发《2014—2015 年节能减排低碳发展行动方案》，进一步硬化节能减排降碳指标、量化任务和强化措施。该文件要求积极化解产能过剩矛盾，加快发展低能耗低排放产业，调整优化能源消费结构；狠抓重点领域节能降碳；从价格、财税、绿色融资等方面进行政策扶持，推行市场化节能减排机制，加强监测预警和监督检查，落实目标责任。

2016年，国务院发布《国务院关于印发"十三五"节能减排综合工作方案的通知》，指出随着工业化、城镇化进程加快和消费结构持续升级，我国能源需求刚性增长，资源环境问题仍是制约我国经济社会发展的瓶颈之一，节能减排依然形势严峻、任务艰巨。明确了坚持政府主导、企业主体、市场驱动、社会参与的工作格局和加强对节能减排工作的组织领导的节能减排工作的主体结构和组织结构，将节能减排的工作主体和责任主体明确落实到了企业和各层管理机构，明确了目标责任和考核问责机制。该工作方案中提出"十三五"节能减排约束性目标：到2020年，全国万元国内生产总值能耗比2015年下降15%，能源消费总量控制在50亿吨标准煤以内。全国化学需氧量、氨氮、二氧化硫、氮氧化物排放总量分别控制在2001万吨、207万吨、1580万吨、1574万吨以内，比2015年分别下降10%、10%、15%和15%。全国挥发性有机物排放总量比2015年下降10%以上。

2.1.2 工业层面

《"十一五"十大重点节能工程实施意见》(简称《实施意见》)是由国家发展和改革委员会牵头，联合中央多部委制定并于2007年7月25日发布的针对中国"十一五"期间节能减排目标的政策。它同时也是《节能中长期专项规划》的重要内容，已纳入《"十一五"规划纲要》，是实现"十一五"单位GDP能耗降低20%左右目标的一项重要的工程技术措施。《实施意见》包括燃煤工业锅炉(窑炉)改造工程、区域热电联产工程、余热余压利用工程、节约和替代石油工程、电机系统节能工程、能量系统优化(系统节能)工程、建筑节能工程、绿色照明工程、政府机构节能工程及节能监测和技术服务体系建设工程这十大工程。《实施意见》的政策目标为"十一五"期间实现节能2.4亿吨标准煤(未含替代石油)，重点行业主要产品(工作量)单位能耗指标总体达到或接近本世纪初国际先进水平。

《工业转型升级规划(2011—2015年)》是由国务院于2011年12月30日发布的，它是中国在2011～2015年工业发展方式转变的行动纲领，也是对"十二五"规划的具体部署。《工业转型升级规划(2011—2015年)》指出促进工业绿色低碳发展是工业转型升级的重点任务之一。按照建设资源节约型、环境友好型社会的要求，以推进设计开发生态化、生产过程清洁化、资源利用高效化、环境影响最小化为目标，立足节约、清洁、低碳、安全发展，合理控制能源消费总量，健全激励和约束机制，增强工业的可持续发展能力。在大力推进工业节能降耗上要围绕工业生产源头、过程和产品三个重点，实施工业能效提升计划，推动重点节能技术、设备和产品的推广和应用，提高企业能源利用效率，鼓励工业企业建立能源管理体系。

　　《工业节能"十二五"规划》是在《工业转型升级规划(2011—2015 年)》总体部署之下出台的关于工业节能工作的具体工作安排。它是在 2012 年 2 月 27 日由工业和信息化部印发的。《"十二五"规划工业节能》提出的总目标是：到 2015 年，规模以上工业增加值能耗比 2010 年下降 21%左右，"十二五"期间预计实现节能量 6.7 亿吨标准煤，主要行业能耗下降 18%～22%，并且设定淘汰落后产能目标——加快淘汰炼铁、炼钢、焦炭、铁合金、电石、电解铝、铜冶炼、铅冶炼、锌冶炼、水泥(熟料及磨机)、平板玻璃、造纸、酒精、味精、柠檬酸、制革、印染、化纤、铅酸蓄电池等工业行业落后产能。《工业节能"十二五"规划》出台后，后续延伸出了《2013 年工业节能与绿色发展专项行动实施方案》和《淘汰落后产能工作考核实施方案》等政策措施进一步保障淘汰落后产能的目标。2016 年发布的《工业节能管理办法》要求重点做好节能管理、节能监察、落实企业主体地位和重点抓用能大户等工作，提升工业企业能源利用效率，加快工业绿色低碳发展和转型升级。

　　针对工业的某些具体行业，中国政府也出台了很多政策指导行业发展。例如，2012 年 5 月出台的《非金属矿工业"十二五"发展规划》，为我国非金属矿工业的发展提供了指导思想、基本原则和总体目标。该规划指出，"十一五"期间，中国非金属矿工业实现了产业规模快速增长，部分矿种产业集中度有所提高，技术装备水平提升，进出口结构优化改善和产业集聚速度加快。但是当前非金属矿工业仍然存在以下主要问题：一是矿产资源开发与保护统筹不足，资源浪费和破坏现象依然严重，部分关键矿种过度无序开采。二是企业"小而散"，产业集中度低，规模效应差。三是行业整体技术水平低，深加工及应用技术较弱。四是行业管理体系不健全，运行监测亟待加强。因此，它以坚持保护性开发、坚持突出重点、坚持扶优扶强、坚持综合利用为基本原则，以推进结构调整、加快技术进步、发展循环经济为发展重点。其主要目标为"十二五"期间，规模以上企业工业增加值年均增长 15%以上，工艺技术与装备水平明显提高，重点矿种加工利用水平接近世界先进水平，非金属矿加工制品业加快发展，采选企业数量减少 20%，生产集中度明显提高,培育 3~5 家具有国际竞争力的企业集团,加工制品占出口比重提高到 70%以上,尾矿综合利用率提高到 60%。

2.1.3 制造业层面

轻工业是制造业的重要组成部分。《轻工业调整和振兴规划》是为中国轻工业应对国际金融危机的影响,落实党中央、国务院关于"保增长、扩内需、调结构"的总体要求而出台的轻工业综合性应对措施的行动方案。它是由国务院于 2009 年 5 月 18 日发布的,虽然政策的大背景是为了应对国际金融危机的影响,但是它仍然对我国制造业中轻工业部分的节能降耗做出了具体的工作安排。该规划提出要加快技术进步,淘汰轻工业的落后产能。提高企业自主创新能力,重点推进装备自主化和关键技术产业化;加快造纸、家电、塑料、照明电器等行业技术改造步伐,淘汰高耗能、高耗水、污染大、效率低的落后工艺和设备,严格控制新增产能。为了使淘汰产能的目标得到切实的落实,其设定目标为淘汰落后制浆造纸 200 万吨以上、低能效冰箱(含冰柜)3000 万台、皮革 3000 万标张、含汞扣式碱锰电池 90 亿只、白炽灯 6 亿只、酒精 100 万吨、味精 12 万吨、柠檬酸 5 万吨的产能。并且力争三年内淘汰一批技术装备落后、资源能源消耗高、环保不达标的落后产能装置,造纸行业重点淘汰年产 3.4 万吨以下草浆生产装置和年产 1.7 万吨以下化学制浆生产线,关闭排放不达标、年产 1 万吨以下以废纸为原料的造纸厂。食品行业重点淘汰年产 3 万吨以下酒精、味精生产工艺及装置。皮革行业重点淘汰年加工 3 万标张以下的生产线。家电行业重点淘汰以氯氟烃为发泡剂或制冷剂的冰箱、冰柜、汽车空调器等产能和低能效产品产能。电池行业重点淘汰汞含量高于 1×10^{-6} 的圆柱形碱锰电池和汞含量高于 5×10^{-6} 的扣式碱锰电池。加快实施节能灯替代,淘汰 6 亿只白炽灯产能。

节能环保产业是制造业的有机组成部分。《"十二五"节能环保产业发展规划》为中国环保产业的发展提供了指导思想、基本原则和总体目标,于 2012 年 6 月 16 日由国务院下发。《"十二五"节能环保产业发展规划》中指出,我国节能环保产业虽然有了较快发展,但总体上看,发展水平还比较低,与需求相比还有较大差距,这主要体现在创新能力不强、结构不合理、市场不规范、政策机制不完善和服务体系不健全上。所以,"十二五"期间要以政策机制驱动、技术创新引领、重点工程带动、市场秩序规范、服务模式创新为基本原则,实现环保产业规模快速增长(年均增长 15%以上)。总体目标为到 2015

年，节能环保产业总产值达到 4.5 万亿元，增加值占国内生产总值的比重为 2%
左右；高效节能产品市场占有率由目前的 10% 左右提高到 30% 以上；采用合
同能源管理机制的节能服务业销售额年均增速保持 30%，到 2015 年，分别形
成 20 个和 50 个左右年产值在 10 亿元以上的专业化合同能源管理公司和环保
服务公司。其中，节能产业重点领域为节能技术和装备(主要包括锅炉窑炉、
电机及拖动设备、余热余压利用设备和节能仪器设备)、节能产品(主要包括
家用电器与办公设备、高效照明产品、节能汽车和新型节能建材)和节能服务。

2.1.4　高耗能产业层面

　　根据《2010 年国民经济和社会发展统计报告》，高耗能行业包括以下六
大行业：①化学原料及化学制品制造业；②非金属矿物制品业；③黑色金属
冶炼及压延加工业；④有色金属冶炼及压延加工业；⑤石油加工炼焦及核燃
料加工业；⑥电力热力的生产和供应业。

　　《千家企业节能行动实施方案》是 2006 年 4 月 7 日由国家发展和改革委
员会、国家能源局、国家统计局、国家质量监督检验检疫总局、国务院国有
资产监督管理委员会研究决定的，在重点耗能行业组织开展千家企业节能行
动的实施方案。据统计，千家企业 2004 年综合能源消费量为 6.7 亿吨标准煤，
占全国能源消费总量的 33%，占工业能源消费量的 47%。开展千家企业节能
行动，突出抓好高耗能行业中高耗能企业的节能工作是为了确保实现"十一
五"规划目标中节能减排目标——"十一五"期末单位国内生产总值能源消
耗比"十五"期末降低 20% 左右。其设定的主要目标是千家企业能源利用
效率大幅度提高，主要产品单位能耗达到国内同行业先进水平，部分企业
达到国际先进水平或行业领先水平，带动行业节能水平的大幅度提高。实
现节能 1 亿吨标准煤左右。

　　除了对高耗能行业整体进行约束，中国政府也大力对高耗能行业的具体细
分行业进行约束。例如，《石化产业调整和振兴规划》是为了确保石化产业(包
括石油加工炼焦及核燃料加工业和化学原料及化学制品制造业)稳定发展，加
快结构调整，推动产业升级而由国务院于 2009 年 5 月 18 日出台的综合性应对
国际金融危机影响的行动方案。其在节能减排部分的设定的目标为：到 2011
年，石化产业单位工业增加值能耗下降 12% 以上，污水、二氧化硫和粉尘等污
染物排放量减少 6% 以上，行业特征污染物排放得到控制。综合能耗普遍降低，
大型炼油装置吨原油加工耗标准油低于 63 千克，大型乙烯装置吨乙烯耗标准
油低于 640 千克，大型煤制合成氨装置吨氨综合能耗低于 1.8 吨标准煤。

《水泥工业"十二五"发展规划》是为了保证水泥工业(非金属矿物制品业)持续快速发展,较好地满足国民经济和社会发展需要而出台的政策。它是由工业和信息化部于 2011 年 11 月 9 日发布的。其预测"十二五"期间,随着经济发展方式加快转变,国内市场对水泥总量需求将由高速增长逐步转为平稳增长,增速明显趋缓。但水泥基材料及制品发展加快。预测水泥年均增长 3%～4%,2015 年国内水泥需求量为 22 亿吨左右。所以,其设定的主要目标为到 2015 年,规模以上企业工业增加值年均增长 10%以上,淘汰落后水泥产能,主要污染物实现达标排放,协同处置取得明显进展,综合利用废弃物总量提高 20%,42.5 级及以上产品消费比例力争达到 50%以上,前 10 家企业生产集中度达到 35%以上。发展重点为推进绿色发展、调整优化结构、推进技术进步。

2.2　能源消费现状分析

2.2.1　国家层面

通过 2.1 节对中国近年来节能政策的梳理,可以看出提高能源效率一直是国家层面能源政策的主要目标。图 2.1 为 1980～2013 年中国能源强度变化折线图,能源强度是能源利用与经济产出之比,本书的产出数据均以 1990 年为基期进行平减。可以看出,中国能源强度一直处于下降的趋势。这也说明中国单位产出能耗一直处于下降过程,即能源效率一直处于改善的状态。

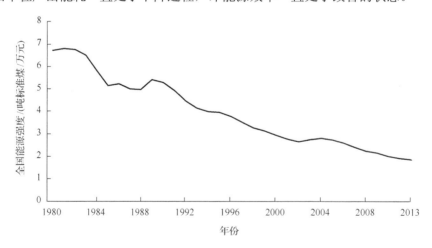

图 2.1　1980～2013 年中国能源强度变化折线图

但是,能源消费情况却与能源强度完全相反。从图 2.2 可以看出,柱状图反映的是 1980～2013 年中国能源消费总量，其一直处于上升趋势。折线图反映了中国能源消费增长率的变化，是柱状图上涨速度的表示。从图 2.2 中可以看出，在 21 世纪之前，中国能源消费增长率一直处于波动的状态，最低点为 1998 年的 0.2%。1998～2004 年中国能源消费增长率由 0.2%提高到了 16.14%。从 2004 年到爆发全球性的金融危机开始，中国能源消费增长率一直处于下降状态，最低降到 3.9%；2008 年以后，能源消费又逐渐回升，能源消费增长率也逐渐上升。这符合中国改革开放以来经济高速发展的国情，经济高速发展则能源需求也必然会增加。

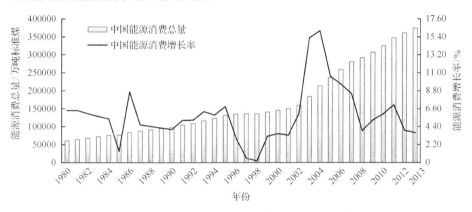

图 2.2　1980～2013 年中国能源消费总量变化组合图

2.2.2　工业层面

图 2.3 为 1980～2013 年中国工业部门能源强度变化折线图。从图中可以看出，中国工业部门能源强度一直处于下降的趋势。这说明中国工业部门单位能耗产出一直处于下降过程，即工业部门的能源效率也一直处于改进的状态。但是工业部门整体能源强度要大于全国平均能源强度，这是因为第一产业和第三产业相对于第二产业而言，其能源消耗相对较少，所以作为第二产业的工业部门，单位能耗比加入了第一产业和第三产业的全国平均水平要高。

与中国能源消费总量情况类似，中国工业部门能源消费情况也与能源强度变化趋势完全相反。从图 2.4 可以看出，1980～2013 年工业部门能源消费总量一直处于上升过程。工业部门能源消费增长率的变化情况在 21 世纪之前也一直处于波动状态，但是在 1996～2000 年有一个明显的停滞，在 1.4%～1.6%徘徊。进入 21 世纪后，能源消费增长率波动下降，但仍有反弹上升的趋势。工业作为中国国民经济和生活的支柱产业，在经济高速增长的过程中，其对能源的需求量必然会快速增加。

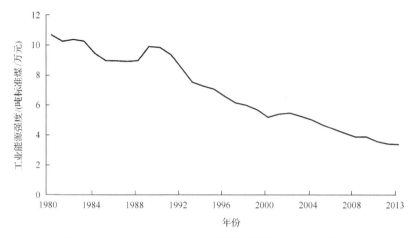

图 2.3　1980～2013 年中国工业部门能源强度变化折线图

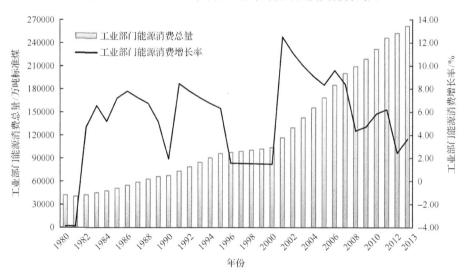

图 2.4　1980～2013 年中国工业部门能源消费总量变化组合图

2.2.3　制造业层面

图 2.5 为 1980～2013 年中国制造业部门能源强度变化折线图。从图中可以看出，中国制造业能源强度总体而言一直处于下降趋势。总体而言，制造业部门能源强度基本与工业部门能源强度持平。并且，中国制造业部门的单位能耗产出一直处于下降过程，在 2000 年时中国制造业部门能源强度为 4.99

吨标准煤/万元，到了 2013 年为 3.43 吨标准煤/万元，下降了 31.26%。这是一个相当惊人的数字，它说明中国制造业的能源效率在近 10 年内提高了近 1/3。并且，通过图 2.5 的变化趋势，本书认为在节能减排政策的压力下，制造业的能源效率会进一步提高(在图中表示为曲线的下降)。

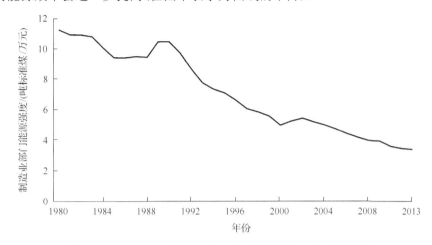

图 2.5　1980～2013 年中国制造业部门能源强度变化折线图

中国制造业部门能源消费总量和工业部门的情况类似，能源消费变化趋势也与能源强度变化趋势完全相反。从图 2.6 可以看出，1980～2013 年制造

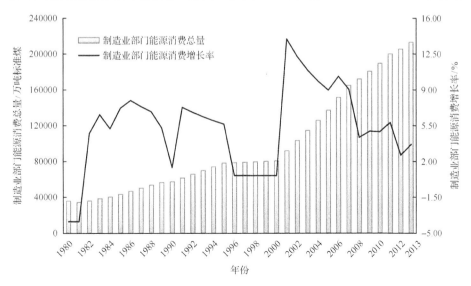

图 2.6　1980～2013 年中国制造业部门能源消费总量变化组合图

业部门能源消费总量一直处于上升状态。总体来说，制造业部门能源消费总量约占工业部门的 80%以上。制造业部门能源消费增长率也和工业部门的变化相类似，只是相对平缓一些。进入 21 世纪之后，能源消费增长率变为波动下降但是整体仍有反弹的趋势。

　　为了进一步地考察中国制造业的能源消费，本书绘制出了 1980～2013 年制造业煤炭、石油和电力能源消费实物量折线图，如图 2.7 所示。从能源消费这个角度来看，1980 年以来中国制造业的煤炭、石油和电力消费量逐步攀升，到 21 世纪后，煤炭和石油消费增长开始放缓，但是电力的需求迅猛增长。

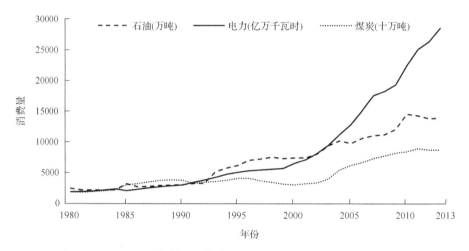

图 2.7　1980～2013 年制造业煤炭、石油和电力能源消费实物量折线图

2.2.4　高耗能产业层面

　　图 2.8 为 1980～2013 年中国高耗能行业总体能源强度变化折线图。从图中可以看出，中国高耗能行业总体能源强度在 2003～2013 年一直处于下降趋势，其也是能源效率改进最多的部门。总体而言，高耗能行业能源强度要比工业部门高。这反映了单位产值高耗能行业所需消耗的能源要高于全国、工业部门和制造业部门。但是，中国高耗能部门总体能源强度一直在下降，即高耗能行业部门整体能源效率一直在改进。

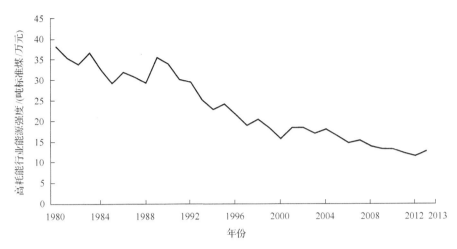

图 2.8　1980～2013 年中国高耗能行业总体能源强度变化折线图

与上述三种情况相似,中国高耗能行业能源消费总量与能源强度也基本完全相反。从图 2.9 可以看出,1980～2013 年高耗能行业能源消费总量一直在上涨。高耗能行业能源消费增长率和制造业部门能源消费增长率折线图相类似。

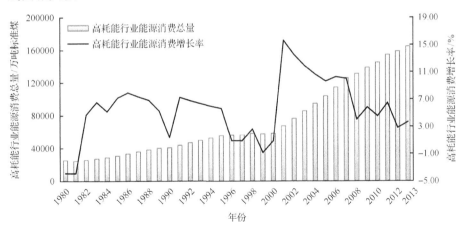

图 2.9　1980～2013 年中国高耗能行业能源消费总量变化组合图

2.3　节能政策与能源消费激增的矛盾分析

从上面的分析可以看出中国卓有成效地提高能源效率的节能政策与能源

消费激增的现状形成了一对矛盾关系。改革开放以来，特别是世纪之交以来，GDP 保持持续快速增长，经济总量迅速攀升到世界第二位。然而这种经济的高增长主要由能源密集型的重工业主导和低效廉价能源要素投入来驱动。因此在产业结构和能源结构低级化的发展时期，高速的经济扩张对能源需求产生极大的刺激，强烈的能源回弹效应完全抵消甚至超出了技术进步的节能效应，从而使得能源效率提高却起不到节约能源的作用，节能降耗目标难以实现[98]。本书认为以下三点原因是形成这对矛盾关系的关键。

2.3.1　经济增长速度快

经济增长速度快是导致节能政策卓有成效与能源消费矛盾激增的原因之一。表 2.1 为 1980～2013 年每五年的全国 GDP 增长率和能源消费增长率，从表中可以看出 GDP 增长率一般是能源消费增长率的数倍。经济的快速增长，导致支撑经济生产的能源消费飞快增长。从表 2.1 中可以看出，不同时期的 GDP 增长率对应不同的能源消费增长率，这与该时期优先发展的行业有关，同时也与经济增长模式粗放与否有关。例如，1990～1995 年，GDP 增长了 225.66%，相应的能源消费增长了 32.9%；而在 2000～2005 年，GDP 增长了 86.40%，而能源消费增长了 62.16%。根据陈诗一的研究，改革开放以来中国总体上已经实现了以技术驱动为特征的集约型增长方式的转变，但是一些能耗和排放高的行业仍然表现为粗放型增长[99]。在各个行业发展存在不均衡的状态下，粗放型的经济增长会导致能源消费的严重浪费。

表 2.1　1980～2013 年 GDP 增长率和能源消费增长率　　　（单位：%）

项目	1980～ 1985 年	1985～ 1990 年	1990～ 1995 年	1995～ 2000 年	2000～ 2005 年	2005～ 2010 年	2010～ 2013 年
GDP 增长率	98.35	107.05	225.66	63.20	86.40	117.11	41.68
能源消费增长率	27.22	28.72	32.90	10.94	62.16	37.69	15.41

2.3.2　产业结构重型化

产业结构重型化是导致节能政策与能源消费矛盾激增的另一个原因。根据金碚的研究，中国工业已经从幼稚时期进入成年时期，转型升级是成长的必然趋势，必须从工业化初期的工业结构体系向适应工业化中后期的工业结构体系转变。"十一五"和"十二五"时期，中国工业总体上进入了趋向成熟的工业化中期阶段。而工业化初期向中期转变的重要特征之一就是工业结构的显著重型化(如经济学家所说的"具有更大的迂回性")[100]。

工业化可分为三个阶段：①以轻工业为中心的发展阶段。例如，英国等欧洲发达国家的工业化过程是从纺织、粮食加工等轻工业起步的。②以重化工业为中心的发展阶段。在这个阶段，化工、冶金、金属制品、电力等重化工业都有了很大发展，但发展最快的是化工、冶金等原材料工业。③工业高加工度化的发展阶段。在以重化工业为中心的发展阶段的后期，工业发展对原材料的依赖程度明显下降，机电工业的增长速度明显加快，这时原材料的加工链条越来越长，零部件等中间产品在工业总产值中所占比重迅速增加，工业生产出现"迂回化"特点。加工度的提高使产品的技术含量和附加值大大提高，而消耗的原材料并不成比例增长，所以工业发展对技术装备的依赖程度大大提高，深加工业、加工组装业成为工业内部最重要的产业。工业化阶段初期和中期能源消费一般呈缓慢上升趋势，当经济发展进入后工业化阶段后，经济增长方式发生重大改变，能源消费开始下降。

大规模投资建设使得基础设施显著改善，工业生产的配套能力明显增强，这一切都使中国工业不仅在规模上，而且在结构上和技术素质上都越来越具有重型化的特征。这种重型化的特征在市场变化不大的情况下甚至表现为"产能过剩"。而在工业品市场供需关系上则形成了绝大多数传统工业品市场日趋饱和的格局。如果说从 20 世纪 90 年代后期开始中国从卖方市场转变为买方市场，那么，直到经历 2008 年国际金融危机，中国最终全面摆脱短缺经济特征，并实现了市场供需关系从短缺向供给过剩的转变。供给过剩从要素投入角度来看就包含了能源消费的浪费，这也是能源消费激增的动因。

2.3.3　回弹效应

回弹效应是导致节能政策卓有成效与能源消费矛盾激增的重要原因之一。回弹效应发生于能源效率的改进导致能源服务价格下降，使生产者更多地使用能源替代其他要素进行生产这一过程中。从这个角度可以解释为何伴随着中国能源效率的改进，能源使用量总量没有下降和趋缓，反而是提高，本书在后面的章节会进一步说明。

2.4　本　章　小　结

本章从国家层面、工业层面、制造业层面和高耗能产业层面四个角度分析了中国节能政策的现状，可以看出目前中国节能政策的主要思想是在提高能源效率的情况下实现能源的节约。另外，通过分析中国生产端各个层次的能源消费现状，可以看出无论是在国家层面、工业层面、制造业层面还是在高耗能产业层面，都伴随着能源效率的提高，但能源消费总量并没有得到显著的抑制。基于上述分析，本书认为导致这个现象的原因有三点：经济增长过快是根源，产业结构重型化是重要原因，能源消费的回弹效应是关键。

第3章 中国制造业能源效率相关理论

3.1 相关概念界定

3.1.1 制造业

制造业是指将制造资源(物料、能源、设备、工具、资金、技术、信息和人力等),按照市场要求,通过制造过程,转化为可供人们使用和利用的大型工具、工业品与生活消费产品的行业。制造业作为衡量一个国家生产力的直观体现而被学者广泛研究,通过计算制造业在国民经济中所占的比重进而将其作为区别发达国家和发展中国家的一个重要因素。

根据《国民经济行业分类》(GB/T 4754—2017)标准,可以将制造业分成31个细分行业。《国民经济行业分类》国家标准于1984年首次发布,分别于1994年和2002年进行修订,2011年进行第三次修订,2017年进行第四次修订,国家统计局的行业统计口径也在相应年份发生了变化。对照2002年和2017年的分类标准,大部分制造业大类(两位数代码行业)名称没有变化,一部分大类的名称和类别有小幅调整,如"饮料制造业"调整为"酒、饮料及精制茶制造业""纺织服装、鞋、帽制造业"调整为"纺织服装、服饰业""皮革、毛皮、羽(绒)毛及其制品业"调整为"皮革、毛皮、羽毛及其制品和制鞋业""印刷业和记录媒介的复制"调整为"印刷和记录媒介复制业""文教体育用品制造业"调整为"文教、工美、体育和娱乐用品制造业""石油加工炼焦及核燃料加工业"调整为"石油、煤炭及其他燃料加工业""通信设备、计算机及其他电子设备制造业"调整为"计算机、通信和其他电子设备制造业""仪器仪表及文化办公用机械制造业"调整为"仪器仪表制造业"。另外,有几个行业进行了合并和拆分,如将"交通运输设备制造业"拆分为两个大类——"汽车制造业和铁路、船舶、航空航天"和"其他运输设备制造业",将两个大类"橡胶制造业"和"塑料制造业"合并为一个大类——"橡胶和塑料制品业",将相关行业的修理业单独划分为一个大类"金属制品、机械和设备修理业"。因此,为了保证大部分年份统计数据的延续性和可得性,本书中的制造业细分行业的分类继续沿用2002年修订的《国民经济行业分类》(GB/T4754—2002)标准,在数据处理中对统计口径变化的行业进行了合并和拆分。由于废弃资源综合利用业及其他制造业数据部分缺失，而且数据的统计口径与研究区间不一致，本书不考虑这两个行业，拆分合并处理后的行业数目为 28 个。

为了研究不同类型的制造业能源效率及回弹效应，按照各个行业在生产中投入的各种生产要素相对比例的不同，本书将制造业划分为技术密集型、资本密集型、劳动密集型三种。技术密集型行业即对技术和知识的依赖程度高于其他要素的行业，故又称知识密集型行业。资本密集型行业即资本产出占比较大、资本劳动比率较高的行业。劳动密集型行业是劳动产出占比较大、劳动资本投入比重高的行业。参照黄山松和谭清美的研究中对制造业的分类[36]，本书制造业分类见表 3.1。

表 3.1　基于要素密集度的制造业分类

劳动密集型行业	资本密集型行业	技术密集型行业
农副食品加工业(H_1)	烟草制品业(H_4)	化学原料及化学制品制造业(H_{14})
食品制造业(H_2)	石油加工炼焦及核燃料	医药制造业(H_{15})
饮料制造业(H_3)	加工业(H_{13})	通用设备制造业(H_{23})
纺织业(H_5)	化学纤维制造业(H_{16})	专用设备制造业(H_{24})
纺织服装、鞋、帽制造业(H_6)	橡胶制造业(H_{17})	交通运输设备制造业(H_{25})
皮革、毛皮、羽(绒)毛及其制品业(H_7)	塑料制造业(H_{18})	电气机械及器材制造业(H_{26})
木材加工及木、竹、藤、棕、草制品业(H_8)	非金属矿物制品业(H_{19})	通信设备计算机及其他电子设备
家具制造业(H_9)	黑色金属冶炼及压延加	制造业(H_{27})
造纸及纸制品业(H_{10})	工业(H_{20})	仪器仪表及文化办公用机械制造
印刷业和记录媒介的复制(H_{11})	有色金属冶炼及压延加	业(H_{28})
文教体育用品制造业(H_{12})	工业(H_{21})	
金属制品业(H_{22})		

3.1.2　能源生产率

生产率是指生产过程中产出与所需投入之比。本书所讨论的能源生产率，主要是指"GDP/能源投入"或"工业增加值/能源投入"这样的产出投入指标。按照投入品数目的多少，可以分为单要素生产率、多要素生产率和全要素生产率(TFP)。单要素生产率是指能源投入与产出之间的关系。大多数文献中将能源生产率表示为如式(3.1)所示：

$$E_p = Y/E \qquad (3.1)$$

式中，E_p 为能源生产率；Y 为产出，一般用 GDP 或工业增加值表示；E 为能源投入量。

在图 3.1 中，$f(x)$ 表示生产前沿，表明不存在效率损失的情况下所能达到的最优生产可能性边界。横轴表示所投入的能源要素投入数量，纵轴表示产品产出数量。当能源投入数量为 E_1 时，实际的产出水平仅能够达到 B 点，实际产出为 Y_2 水平。在生产中存在各种损耗、管理上无效率、技术水平落后和规模不经济等原因，使得最终的实际产出水平无法达到最优的产出水平 Y_1。此时的能源生产率为 Y_2/E_1。

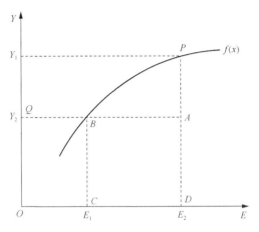

图 3.1　能源生产率与能源效率

多要素生产率也称为全要素生产率，全要素生产率表示别除要素投入对经济增长的贡献之外，其余要素如技术效率或者其他未被考虑的因素对经济增长的贡献，也称为 Solow 余值。多要素生产率是对投入要素根据一定的权重加总与产出相比得到的投入–产出关系，权重一般可以用投入要素的弹性表示。

3.1.3　能源效率

能源效率表示的是投入资源的最优利用能力。根据世界能源理事会 (WEC) 的定义，能源效率通常用能源服务产出量与能源投入量的比率来度量。在图 3.1 中，能源效率可以从投入角度或者产出角度进行测度，从产出角度来说，最优的产出水平为 Y_1，实际产出水平为 Y_2，产出损失为 Y_2-Y_1。因此基于产出角度的技术效率为 $TE_O=Y_2/Y_1=DA/DP=1-AP/DP$，衡量的是当投入不变时 A 点偏离生产边界最优点 P 点的程度。同样地，从投入角度来说技术效率为 $TE_I=E_2/E_1=QB/QA=1-BA/QA$，衡量的是当产出不变时 A 点偏离生产边界最优点 B 点的程度[101]。

单要素能源效率指标的优点是定义直观、计算简单、容易运用，而且能够通过不同的分解方法考察产业结构、技术进步等因素对能源效率变化的贡献。因此，有大量的文献从单要素能源效率角度展开研究[102]，代表性的文献包括史丹等[103]、宋旭光和席玮[104]、刘佳骏等[105]的研究。根据应用不同的指标进行能源投入量和服务产出量的核算,不同的应用领域将有不同的方法,由此而产生了不同的能源效率测度指标[106]。在实践中通常会用一个指标来表示能源效率,根据魏一鸣和廖华[106]对能源效率测度指标做的总结和梳理,常用的单要素能源效率可以分为能源宏观效率、能源实物效率、能源物理效率、能源价值效率、能源要素利用效率、能源要素配置效率和能源经济效率七大类。

能源宏观效率是用于测度一个国家、地区或行业的总体能源效率水平时,最常用到的指标。能源投入的产出值用一个国家或地区的 GDP、行业的工业增加值或工业总产值表示,用单位 GDP 能耗(或者单位增加值能耗、单位总产出能耗、单位总产值能耗)这一宏观指标表示"能源强度"。能源强度的倒数可以定义为能源宏观效率。单位增加值能耗越低,能源宏观效率就越高。能源产出(或者能源服务)用经济活动产出量表示(如增加值或总产出),能源投入用各类一次能源消耗量表示(采用热值法或者发电煤耗法)。

能源实物效率通常用来描述所采用的单位产品能耗、工序能耗,如吨钢综合能耗、吨钢可比能耗、吨炼铁能耗、发电煤耗、吨水泥能耗等。能源实物效率是常见的能源技术指标,不含价值,比较适合用于具有相同生产结构的企业间的比较,其反映微观经济组织的技术装备和管理水平。

能源物理效率计算的理论基础是热力学定律。根据能源流的不同环节,通常可以将其分解为能源开采、加工转换、储运、终端利用效率。能源物理效率还可划分为热力学第一定律效率、热力学第二定律效率。

能源价值效率可以避免各类能源的异质性或品质差异。即使是相同热当量的能源其功效也会不同,因此以热当量系数或价格作为权重对各类能源进行加总作为能源服务投入量。这个指标适合进行国际比较,发现各国能源宏观效率或实物效率存在差异的部分原因,如能源价格偏低、能源结构不同等。

能源要素配置效率反映了在既定的要素相对价格体系下,要素组合方式不同带来的要素成本支出差异。不同的资源配置方式与经济体制和价格机制有关,应用能源要素配置效率需要关注各类要素的相对价格,通过不同的配置方式激励能源使用者重视减少能源消耗。

能源要素利用效率反映了在既定的要素组合方式下,可以减少的要素需求量。假设需要生成相同数量和质量的产品,所需要的资本、劳动、原材料、能源等各种生产要素可以有不同的组合方式,各种组合方式形成一条等产量线。在实际生产中,投入同样数量和质量的各类生产要素,产出量可能不同,这种差异主要体现在要素利用效率方面。

能源经济效率,也称为能源成本效率。能源经济效率等于能源要素利用效率和能源要素配置效率的乘积。

单要素能源效率计算简单,适用于技术效率差异极大的经济体或行业间的比较。单要素能源效率没有考虑到生产中其他投入要素对能源效率的影响关系,因此如果在生产过程中除了技术以外的其他因素发生变化引起能源效率变化,很难仅仅通过单要素能源效率反映出来。例如,当要素市场上其他投入要素价格高于能源投入价格时,那么在生产实践中,如果生产要素间能够相互替代时,在保证产出不变、成本最小的情况下,生产者往往会增加能源要素的投入量和减少其他要素的投入量。因此,就会发生在技术水平没有改变的情况下,能源效率减少的状况。

同样,当行业的结构调整对其能源效率具有较大影响时,运用单要素能源效率也会不精确。而且单要素能源效率无法反映行业间能源使用的变化特征,忽视了潜在的能源效率,未能充分反映能源效率的大小。鉴于单要素能源效率的缺陷,众多学者通过进一步研究引入了全要素能源效率指标来反映能源效率。

在人类的生产活动中,能源作为一种生产要素,必须和资本、劳动等其他生产要素相结合才能生产出产品。全要素能源效率是将能源作为多种投入要素中的一种,考虑投入要素替代在实现能源效率中的作用。全要素能源效率指标综合考虑了各种投入要素的作用关系,更加符合实际情况,因而受到广大学者的青睐,成为衡量能源效率的常用指标。

全要素能源效率的整体衡量思路是在特定环境下真实产出与最大可能产出之比,将生产者最优生产状态下的各种产出组合定义为生产前沿面,认为其是最大可能产出。在前沿面是确定的情形下,如果以 x 轴反映投入要素组合,以 y 轴反映产出水平,生产前沿面上的某一点 Q 点反映一种状态下的最大产出水平,实际产出点为 q 点,两点间的垂直距离构成单边误差项,用以反映技术无效率状态,能源效率则可由 Q 点相对于横轴的距离与 q 点相对于横轴的距离之比来度量。如果在确定前沿面的基础上考虑随机因素的影响,那么随机因素对产出造成的影响可能为正,也可能为负。此时在最大可能产出和实际产出形成的差距中,用随机误差项反映随机因素的影响,剩下的则归于单边误差项,用以反映技术无效率。

3.2　能源效率影响因素选取

能源效率的持续提高有助于在生产生活中实现节能降耗,有利于经济的持久健康发展，尤其是在区域和行业层面上制定相应的政策及提出合理的建议具有重要意义。由于研究主体不同，能源效率的影响因素也不尽相同，即使具有相同的影响因素，该因素对不同研究个体的作用也可能会有很大的差异。目前，众多学者对能源效率的探讨着重从区域和行业两个层面进行分析，考虑了各种可能对能源效率产生影响的因素。本节综合分析了现有的研究成果，对众多影响因素及其指标的处理方法进行了概括和梳理，其影响因素可以概括如下，见表 3.2。

表 3.2　能源效率影响因素及其指标应用处理方式

影响因素	指标应用处理方式
能源消费结构	煤炭消费量占能源消费总量的比重[34,107]；煤炭在各地区的消耗量与该地区能源消费总量之比[35,42]；煤炭占一次能源消费的比重[19,22]
技术进步	用劳动生产率衡量[24]；研发投入量[23,108]；研究经费占 GDP 的比重[28]；各地区的研发(R&D)投入占 GDP 的比重[109]
能源价格	燃料零售价格指数[36]；燃料、动力购进价格指数[28,34,35,110,111]；工业品出厂价格指数[112]
对外开放	对外贸易额[113]；地区外商直接投资额与 GDP 之比[43]；行业出口交货值与工业销售值之比[40]；行业出口交货值/主营业务收入[44]；出口总额与 GDP 的比值[29]；进口依存度[114]
企业规模	企业平均资产规模[36]；行业总产值与企业数之比[45,49]
资本深化程度	行业总资产与行业从业人数比值[45]；资本存量与劳动人数的比例[54,115]
产业结构	各省份第二产业增加值与地区 GDP 的比值[54]；工业总产值占 GDP 的比值[116]
城市化	城镇人数与总人数之比[110]
外向化程度	对外贸易额与各地区 GDP 之比[117]
环境规制	各行业脱硫设施数[118]；各地区排污费用与地区 GDP 之比[119]
外贸依存度	地区进出口贸易总额与地区 GDP 的比值[108]
市场竞争	企业数量[49]
能源禀赋	采掘业人数与总就业人数之比[120]；各省份的煤炭消费量在其总生产量中所占份额[12]
行业集中度	细分行业平均资产规模[121]；制造业赫芬达尔指数[36]

本书的研究对象为制造业及其细分行业，因此在上述影响因素中和地区有关的及牵涉到其他行业的因素不作考虑。另外，从表 3.1 可以看出行业集中度、市场竞争和企业规模存在高度的相关性，外贸依存度、外向化程度和对外开放也表现出很强的相关性，因此本书仅从中选取企业规模和对外开放作为代表因素。同时考虑到数据的可得性，本书最终选取技术进步、能源价格、能源消费结构、对外开放、企业规模、资本深化程度六种影响因素进行研究。

3.3 能源效率影响因素分析

3.3.1 能源消费结构

能源消费结构即各类能源消费量在能源消费总量中的比例，其具体公式可表示为

$$W_i = \frac{E_i}{\sum_{i=1}^{n} E_i} \tag{3.2}$$

式中，W_i 为第 i 种能源在能源消费总量中的比例；n 为将能源分成 n 类；E_i 为第 i 类能源的消费量。通常所说的能源消费结构指四种一次能源(煤、石油、天然气、电力)各自的消费量与能源消费总量之比。若以能源生产率反映能源效率，以 Y_i 表示第 i 类能源贡献的产出，则不同类别能源的效率为 $\mathrm{EI}_i = Y_i / E_i$，整体能源效率 EI 则可表示为

$$\mathrm{EI} = \frac{Y}{E} = \frac{\sum_{i=1}^{n} \frac{Y_i}{E_i} \times E_i}{E} = \sum_{i=1}^{n} W_i \times \mathrm{EI}_i \tag{3.3}$$

由此可以看出，不同形式的能源对产出的影响不一样，即不同的能源消费结构会对能源效率造成不同的影响。本书借鉴众多学者常用的处理方法，以煤炭消费量在能源消费总量中所占的比重来衡量能源消费结构。相对于其他形式的能源，煤炭的热转换率最低，消费时能量损耗最为严重，当煤炭消费占比较大时，能源效率就会相对较低。因此，理论上能源消费结构与能源效率呈负相关。

3.3.2 技术进步

外商直接投资、研究经费投入及人力资本投入是技术进步的主要来源。外商投资可以看成外部科研投入，其和研究经费投入共同构成了技术进步的"硬"实力，而人力资本投入构成技术进步的"软"实力。作为技术进步最为直接的动力，研究经费投入常被众多学者直接用来反映技术进步。技术进步一方面有利于生产者充分利用现有资源，充分发挥设备的使用效率，从而产生溢出效应；另一方面反映了技术创新，通过对现有技术和知识的完善，对现有生产设备和技术进行改进，或者直接提出一套新的技术体系，提高设备的生产力，降低浪费，从而提高能源效率。另外，技术进步可以对产品的结构产生影响。随着技

术进步，同等生产环境下，生产单位产品所消耗的能源将会有所下降，从而使得这种产品更有优势，更受消费者的偏爱，从而迫使生产者提高能源效率，迎合消费者的需求。同时，作为优化产业结构的关键因素，技术进步通过发展以科学技术为基础的"朝阳"产业，淘汰一些传统落后的"夕阳"产业，使得资源利用更加充分，从而改善能源效率。而且，技术进步为企业规模的扩大提供了基础，有利于促进企业规模的扩大。另外，技术进步还可以降低新型能源的使用成本，提高新型能源对煤炭的替代，从而对能源的消费结构产生影响。

理论意义上来说，技术进步对能源效率具有促进作用，但是回弹效应的存在，使得技术进步这一因素对能源效率的作用关系变得不再那么明确。这是因为，技术进步发生后使得能源的实际使用价格下降，技术进步降低了其使用成本，从而引发了新的能源需求(回弹效应)，回弹效应反而会削弱技术进步带来的能源效率的提高。由此可知，技术进步对能源效率表现出什么样的作用关系受到技术进步带来的能源节约效应和回弹效应这两种相反作用的共同影响，其最终结果取决于哪种效应的影响程度更大。其中一种特殊的情况就是，当由技术进步所产生的新的能源需求量超过该因素所节约的能源量时，技术进步整体上扩大了能源消耗，从而拉低了能源效率水平，即技术进步对能源效率表现出了抑制效应。

3.3.3　能源价格

能源价格对能源效率的影响大致可以概括为以下三种途径。

首先，该因素能够通过影响技术进步这一因素，对能源效率产生作用。适当提高能源价格可以加大厂商的生产成本，从而促使厂商加大研发投入，通过技术进步和设备改进降低对能源的消耗，或者通过提高能源效率水平，降低能源的投入成本，在保证产出的基础上削弱能源价格提高所引起的投入成本的提高。

其次，能源价格变高会促使其他要素对能源进行一定程度的替代，同时也会促使不同形式的能源之间产生替代。能源作为一种投入要素，能源价格的提高意味着同等能源量的消耗需要更多的成本，降低了厂商的经济利润。在技术水平和其他投入要素不变的条件下，如果要保持要素投入成本不变，则必须减少能源的使用，而这又会降低经济产出，同样影响了经济利润。因此，为保证产出水平，同时降低能源价格上升对成本的影响，厂商会用资本、劳动等要素对能源进行替代，减少能源的投入使用。另外，从不同能源形式分析，能源成本增加时，为保证经济利润，厂商为提高能源的利用效率则会更多地使用高效率的能源形式，减弱低效率能源的消费，进而整体上改善能源效率。

最后，能源价格会改变消费者的需求结构。当能源价格较低时，市场无法凸显该生产要素的稀缺性。使用能源的成本较小，消费者往往会增加对能源的消费，造成能源浪费。而能源价格适当提高，能源的消费成本会增加，从而降低了高耗能产品的市场竞争力，促使消费者偏向低能耗产品的消费。

综上所述，三种途径均表明适当提高能源价格可以对能源效率产生有利影响。

3.3.4　对外开放

对外开放不但可以缓解国内部分的就业压力，而且还可以形成技术扩散，可以通过向发达国家学习先进的技术和管理经验，进而提高国内的能源效率。另外，对外开放加大了市场竞争，要想在竞争中获胜，厂商就必须通过提高能源效率而形成竞争优势。具体来讲，从进口角度分析，发达国家凭借较高能源效率的优势，其生产单位产品仅需使用较少的能源量，从而投入成本较小。而对于发展中国家，其能源效率处于较低水平，因此，生产同样的单位产品却需要较多的能源投入，生产成本较大，本国加大这种具有价格优势产品的进口则会与国内市场形成竞争，影响国内企业利润，从而迫使国内企业提高能源效率，提高竞争优势。从出口角度分析，较低的能源效率使得单位产出的成本较大，同样让本国产品在国际市场中不再具有价格优势，从而影响本国在国际贸易中的利益，因此，同样能迫使国内厂商提高能源效率，增加出口产品的竞争力。

虽然对外开放有利于改善本国的能源效率水平，但众多学者也发现对外开放可能会存在对外开放陷阱。对于中国制造业而言，出口产品的技术含量较低，其大多凭借较低的劳动成本优势和较多的能源投入在国际市场上以价格取胜，而且对于外商企业，对外投资战略多表现为数量扩张型，对外开放使得外商企业对国内市场造成冲击，甚至引起国内厂商过度竞争，进而影响能源效率的提高。

3.3.5　企业规模

能源使用能够表现出规模经济的现象，其消费也受企业规模经济的影响，因此企业规模也是能源效率的重要影响因素。企业规模越大，劳动、资本积累越多，大型生产设备的运用越充分，使得具有不可分割性的生产要素能够发挥更大的潜能，从而促使能源集约化发展。而且，由于市场普遍存在价格歧视现象，特别是在二级价格歧视中存在数量折扣现象，即给予需求量大的用户以价格优惠。因此，随着企业规模的扩大，企业在购置原材料时可以享受到这种优惠价格，节约了投入成本，同时大规模企业也可以通过统一管理节约管理成本。

这些投入成本的降低使得企业可以利用更多的资金更新生产设备，从而提高能源效率。需要注意的是，企业的规模经济并不是无限制的，只有企业在最优规模时规模经济才能发挥最大的优势作用，一旦超越了最优规模，各种生产要素包括能源的消费量也会增加。而且，如果企业扩大规模，要想获得预期的效益，要求其生产技术水平及企业内部的管理水平必须得到同步提升。若管理水平和技术进步出现了滞后现象，即其不能与相应的企业规模状态相匹配，则企业规模的扩大反而不利于生产，甚至会对能源效率提升产生抑制作用。

3.3.6　资本深化程度

资本深化程度也可以影响能源效率，但主要是通过技术效应产生间接影响。即资本积累和深化会促进技术向更高水平提升，产生技术创新的协同效应，技术水平的提升又反过来作用于企业的经营活动，促使资本产生凝聚力和吸引力，带来更多的资本流入，从而提高能源效率。提高劳动生产率和投资水平是资本深化通过科技协同效应影响能源效率的两个主要途径。资本积累是企业提高生产效率的基础，只有深厚的资本积累和有深度的资本投入才能使生产设备发挥最大作用，才能优化企业投资结构。资本深化程度之所以通过科技协同效应产生作用，原因在于科技的产生和发展也是以资本的深度和广度为基础的，资本积累也为科技进步提供了条件。资本深化对科技进步的影响主要通"硬""软"两个方面发挥作用：一方面为技术创新提供有利的硬件支持；另一方面通过吸引更多的优秀人才，加大劳动要素的投入，影响"软"技术进步。资本深化通过对"硬"性环境和"软"性人才的综合影响带来更加完善的通信交流网络和交通物流体系，实现对科技进步的促进作用，进而将其运用到生产经营活动中，使科技完全发挥作用。

另外，适度的资本深化和积累有助于能源消费结构的改善，从这方面也能够对能源效率的提高产生促进作用。资本深化的最优规模与经济发展密切相关，政府财政收入和人均收入水平的提高就是经济规模扩大最直接的结果。与此同时，消费者的消费习惯发生改变且消费水平由低向高转变，会使得消费者对生活环境和质量产生更高的要求，从而使其成为改变高能耗、低能效且污染排放量大的不合理能源消费结构的巨大推动力，对产业结构转型和能源效率的提高产生有利影响。而资本深化程度在这个过程中承担支撑者的角色，随着资本的不断积累和层次的不断深化，开拓出了许多新的领域和产业，满足了消费者的多样化需求，优化了经济结构。

但资本深化程度对能源效率的促进作用也是有一定限度的，适当的资本

深化有利于能源效率的提高，但过度的资本深化，超过了经济规模的限制反
而会由于资本边际报酬递减规律的作用而对能源效率产生阻碍作用。在经济
生产中，在保持其他投入要素不变的情况下，当资本处于较低水平时，提高
资本投入量可以通过上述途径有效提高产量，资本的产出效率得到提高，从
而提高能源效率。但当资本投入量不断加大且超过某一极限值时，资本深化
会导致负的边际产量，资本相对冗余，从而不利于产量的提高，资本的产出
效率下降，能源效率也会相应下降。

　　综上所述，可以归纳出能源消费结构、技术进步、能源价格、对外开放、
企业规模、资本深化程度六种因素对能源效率的作用关系，如图 3.2 所示。

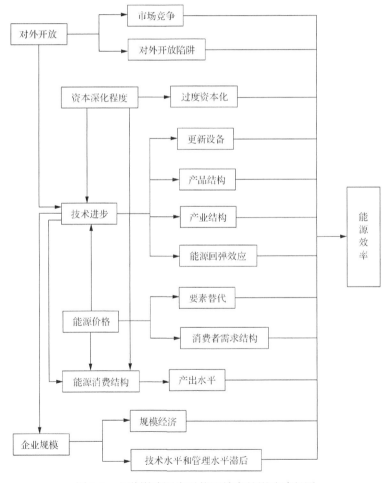

图 3.2　六种影响因素对能源效率的影响路径图

3.4 本章小结

本章界定了制造业、能源生产率和能源效率的定义，并对比分析了单要素能源效率和全要素能源效率两种指标和测算体系的优、劣势。对于影响能源效率的因素进行了分析，从能源消费结构、技术进步、能源价格、对外开放、企业规模和资本深化程度六种因素分析了其如何对能源效率产生影响，从理论角度分析了相关因素对能源效率的作用关系。

第4章 中国制造业能源效率测度

4.1 全要素能源效率测算方法比选

索罗余量法是最为传统的测量方法,该方法是以生产者为最优化主体,能够在一定的技术水平和产出水平下使得成本最小化,或者是在既定的技术水平和投入成本下使得产出最大化,用随机误差项对任何与最优化状态产生的偏差进行解释,而且其误差项服从均值为零的对称分布。但最优化仅仅是一种理想状态,实际生产很难达到这种状态,即意味着并不是所有生产单元都处于技术有效的状态,因此众多学者将既定技术水平下、特定成本下的最大产出或特定产出下的最小成本的边界定义为生产前沿面。只有当生产状态处于前沿面上时,才是最有效率的,而在前沿面之内的点对应的生产状态表现出技术无效率。

而应用前沿面测算效率问题的研究可以分为非参数法和参数法两种。DEA 是运用各决策单元的相应统计信息通过线性规划的方法来度量效率,通过投入和产出数据构造前沿面,无须已知生产前沿面的具体形式。该方法的优点是可以考虑多产出的情形,同时因为不需要确切的生产函数形式,所以避免了因函数形式误设所造成的估计误差。它是一种典型的非参数方法,目前在应用中有百余种 DEA 模型,其被广泛应用于经济、商业、医疗、教育和管理绩效分析等领域。但是 DEA 模型在实际应用中,样本容量及投入产出的数目多少决定了技术有效单元的数目,使得对测算出来的决策单元技术效率水平的实际度量和有效性分析具有一定的难度。而且 DEA 分析的前沿面是确定的,其未将误差项进行细分,未考虑随机因素的影响,把同前沿面形成的偏离全部看成了无效率,从而高估了无效率。

参数法需要知道具体的生产函数形式,通过构建计量模型测算相应的系数,进而得到能源效率值。根据前沿面的形式又可以将参数法分成确定性前沿和 SFA 两种方法。确定性前沿不考虑随机因素的影响。而 SFA 是在确定性前沿的基础上提出的具有复合误差项的模型。其在单边误差项的基础上又引入了随机误差项,两者共同构成了复合误差项。随机误差项反映环境等随机影响因素的状况,而单边误差则用来反映生产单元的技术效率状况。SFA

方法在估计模型中将误差项拆分成了测量误差和随机误差,并能对模型和估计结果进行相应统计意义上的检验,测量结果更能真实地反映实际情况。

综上所述,SRA 方法的假设条件过于苛刻,实际情况很难满足,运用该方法计算出来的结果不能反映客观事实,因此现有研究很少用此方法对全要素能源效率进行测算,仅将其作为理论进行研究。而 DEA 方法的测算无法反映一些统计信息,且其假定前沿面是固定的,没有考虑到样本的差异,同时也未考虑随机误差的影响。而 SFA 方法恰好弥补了这些缺陷,对误差项进行了更细致的划分,避免了部分测算误差,对能源效率衡量更为精确,更加符合实际,因此本书采用 SFA 方法对相应的能源效率值进行估计。

4.2 基于 SFA 能源效率测算模型

运用 SFA 模型分析能源效率时,考虑到随机因素可能对产出造成一定的影响,因此在建模时将随机影响因素与其他因素进行了分离,构建了如下面板数据模型:

$$Y_{i,t} = f(x_{i,t}, \beta) \exp(v_{i,t} - u_{i,t}) \tag{4.1}$$

式中,$Y_{i,t}$ 为 i 行业在 t 期的产出;$x_{i,t}$ 为 i 行业在 t 期的要素投入;β 为需要估计的系数;$f(x_{i,t}, \beta)$ 为确定性生产边界;$v_{i,t}$ 为标准的、均值为 0 且方差为常数 $\sigma_{vi,t}^2$ 的残差项,假定 $v \sim N(0, \sigma_v^2)$,且与 u 相互独立,其反映传统意义上的随机误差项,u 为单边误差项,用来反映随时间变动的技术无效率。由于受到各种随机因素的影响和一些条件的限制,在实际生产过程中基本上无法实现最优的状态。因此定义技术效率(TE)为在特定环境下真实产出与最大可能产出之比:

$$TE_{i,t} = Y_{i,t} / [f(x_{i,t}, \beta) \exp(v_{i,t})] \tag{4.2}$$

为了判断 SFA 模型的合理性,设定方差参数 $\gamma = \sigma_u^2 / (\sigma_u^2 + \sigma_v^2)$ $(0 \leqslant \gamma \leqslant 1)$,用以反映技术无效率在复合扰动项中占据的份额,以此对模型的合理性进行检验。若 γ 距离 1 比较近,则表明其误差绝大部分可由随机因素 u 进行解释,该模型的选取是合理的;若不能拒绝 $\gamma = 0$,则意味着真实产出与最大产出形成的差异主要是由纯粹的随机因素造成的,则不再适合用 SFA 方法进行分析。

translog 函数表现出较强包容性的优势,减少了函数形式的误设对结果的影响。因此，参照赵金楼等的研究，本书采用 translog 形式的三要素生产函数对 $f(x_{i,t}, \beta)$ 进行表示[122]。通过对式(4.1)两边取对数，则可以得到如下形式的具体函数：

$$\ln Y_{i,t} = \beta_0 + \beta_1 \ln E_{i,t} + \beta_2 \ln K_{i,t} + \beta_3 \ln L_{i,t} + \beta_4 (\ln E_{i,t})^2 + \beta_5 (\ln K_{i,t})^2 + \beta_6 (\ln L_{i,t})^2$$
$$+ \beta_7 \ln E_{i,t} \ln K_{i,t} + \beta_8 \ln E_{i,t} \ln L_{i,t} + \beta_9 \ln K_{i,t} \ln L_{i,t} + v_{i,t} - u_{i,t}$$

$$(4.3)$$

式中，$Y_{i,t}$ 为 i 行业在第 t 期的产出；$E_{i,t}$、$K_{i,t}$ 和 $L_{i,t}$ 分别为 i 行业在第 t 期的资本、劳动和能源投入量。

式(4.3)两边同时减去 $\ln E_{i,t}$，则可得式(4.4)：

$$\ln \frac{Y_{i,t}}{E_{i,t}} = \beta_0 + (\beta_1 - 1) \ln E_{i,t} + \beta_2 \ln K_{i,t} + \beta_3 \ln L_{i,t} + \beta_4 (\ln E_{i,t})^2 + \beta_5 (\ln K_{i,t})^2$$
$$+ \beta_6 (\ln L_{i,t})^2 + \beta_7 \ln E_{i,t} \ln K_{i,t} + \beta_8 \ln E_{i,t} \ln L_{i,t} + \beta_9 \ln K_{i,t} \ln L_{i,t} + v_{i,t} - u_{i,t}$$

$$(4.4)$$

则能源效率可由式(4.5)表示：

$$\mathrm{TE}_{i,t} = \frac{E[f(x_{i,t}, \beta) \exp(v_{i,t} - u_{i,t})]}{E[f(x_{i,t}, \beta) \exp(v_{i,t} - u_{i,t}) \,|\, u_{i,t} = 0]} = \exp(-u_{i,t})$$

$$(4.5)$$

4.3 数据来源与处理

4.3.1 数据来源

本书对中国 2000～2014 年的制造业进行了研究。所用到的数据来源于两个方面：一方面来自《中国统计年鉴》《中国工业年鉴》《中国能源统计年鉴》中的数据；另一方面引用陈诗一对中国工业细分行业的估算数据[123]，并根据其估算方法对相应的数据进行了扩展。其中需要说明的是交通运输制造业的统计口径在 2012 年之后发生了变化，2012 年之后将交通运输制造业拆分成了汽车制造业、铁路船舶航空航天和其他运输设备制造业，本书对其进行了合并处理。而 2012 年之前橡胶和塑料制品业的相应数据是分别进行统计的，2012 年之后则是将橡胶和塑料制品业进行了合并，本书按照所需指标前五年相应的数据比例将其进行了拆分。

4.3.2　数据处理

1. 行业总产值

本书选取制造业各行业总产值作为产出指标，以 1990 年为基期，用细分行业工业品出厂价格指数进行平减。其中 2000～2008 年的数据引用陈诗一的数据，2009～2014 年的数据根据《中国统计年鉴》按照陈诗一的方法进行扩展[123]。因为行业增加值受到原材料价格、工资等成本的影响，无法准确地反映能源投入所带来的真实产出，所以本书没有采用行业增加值来作为产出指标。

2. 能源消费量

制造业的最终能源消费主要包括煤炭、石油和电力，其消费量可从《中国统计年鉴》中查得，然后根据《中国能源统计年鉴》规定的折算系数，将不同形式的能源消费量折算成万吨标准煤度量，对其进行加总作为能源消费总量。

3. 资本存量

2000～2008 年各行业资本存量的数据采用陈诗一的数据，之后的数据是在《中国工业年鉴》的基础上，利用陈诗一的处理方法进行了扩展。具体方法为：首先从《中国工业年鉴》上查找制造业细分行业在 2008～2014 年的相关数据，其次以 1990 年为基期对其进行平减，最后根据如下所述的永续盘存法对资本存量进行测算：

$$K_{i,t} = I_{i,t} + (1 - \delta_{i,t}) \times K_{i,t-1} \qquad (4.6)$$

式中，$K_{i,t}$ 为第 i 行业在第 t 年的资本存量；$I_{i,t}$ 为第 i 行业在第 t 年的投资额；$\delta_{i,t}$ 为第 i 行业在第 t 年的资本折旧率。

4. 劳动力

李星光等的研究认为采用劳动人数来反映劳动力相对较为合理[124]，因此本书也采用劳动人数对劳动力进行衡量。2008 年之前的劳动人数的数据采用陈诗一的研究数据，2009～2014 年的数据根据相应的统计口径比例，对《中国统计年鉴》中的职工人数进行扩展，扩展至 2014 年。

4.3.3　描述性统计分析

表 4.1 为制造业相应指标的统计信息，从中可以看出 2000～2014 年制造业 28 个行业的总产值、资本存量、劳动力数量和能源消费总量差别很大。

表 4.1　中国制造业样本数据的描述性统计

指标	最小值	最大值	均值	标准差
行业总产值/亿元	396.33	185718.58	12816.97	8091.12
资本存量/亿元	4.38	1473.06	171.05	361.23
劳动力数量/万人	19.12	1207.28	357.10	178.57
能源消费总量/万吨标准煤	61.22	30126.74	3000.63	11643.78

4.4　能源效率测算结果分析

4.4.1　模型及系数检验

基于 SFA 研究方法与面板数据，本书运用 Frontier 4.1 软件对中国制造业 28 个细分行业的能源效率进行了估计，估计结果见表 4.2。表中 γ 值为 0.70，且通过了显著性检验，即意味着本书可以选取 SFA 模型进行研究，且能达到较好的效果。从估计结果来看，除 $\ln K$ 和 $\ln L$ 前面的系数不显著外，其他参数均通过显著性检验，模型的拟合较好。

表 4.2　能源效率模型估计结果

变量	系数	t 统计量
常数项	7.57***	7.75
$\ln K$	−0.03	−0.06
$\ln L$	0.60	0.89
$\ln E$	−1.08***	−3.13
$(\ln K)^2$	0.27***	5.53
$(\ln L)^2$	0.29***	2.93
$(\ln E)^2$	−0.08**	−2.26
$\ln K \times \ln L$	−0.63***	−6.83
$\ln K \times \ln E$	0.14*	1.79
$\ln E \times \ln L$	0.15*	1.76
γ	0.70***	10.82

***、**和*分别表示在 1%、5%和 10%显著性水平下拒绝零假设。

4.4.2 制造业细分行业能源效率结果分析

表 4.3 给出了 2000~2014 年中国制造业 28 个细分行业的能源效率，并通

表 4.3 2000~2014 年中国制造业 28 个细分行业的能源效率测算值

行业	年份															平均值
	2000	2001	2002	2003	2004	2005	2006	2007	2008	2009	2010	2011	2012	2013	2014	
H_1	0.405	0.418	0.410	0.462	0.442	0.480	0.480	0.493	0.505	0.518	0.531	0.544	0.556	0.569	0.582	0.493
H_2	0.357	0.369	0.360	0.412	0.391	0.429	0.428	0.441	0.453	0.466	0.479	0.491	0.504	0.517	0.530	0.442
H_3	0.342	0.353	0.345	0.396	0.375	0.413	0.412	0.424	0.437	0.449	0.462	0.474	0.487	0.500	0.512	0.425
H_4	0.258	0.267	0.256	0.305	0.281	0.317	0.314	0.325	0.335	0.346	0.358	0.369	0.381	0.392	0.404	0.327
H_5	0.325	0.336	0.327	0.378	0.357	0.394	0.393	0.405	0.417	0.429	0.442	0.454	0.467	0.480	0.492	0.406
H_6	0.312	0.322	0.313	0.364	0.342	0.379	0.378	0.389	0.401	0.413	0.426	0.438	0.451	0.463	0.476	0.391
H_7	0.309	0.319	0.310	0.361	0.339	0.376	0.374	0.386	0.398	0.410	0.422	0.435	0.447	0.460	0.472	0.388
H_8	0.551	0.564	0.556	0.609	0.588	0.627	0.626	0.638	0.650	0.662	0.674	0.685	0.697	0.708	0.719	0.637
H_9	0.336	0.347	0.338	0.389	0.368	0.406	0.405	0.417	0.429	0.441	0.454	0.466	0.479	0.492	0.505	0.418
H_{10}	0.437	0.450	0.442	0.495	0.474	0.513	0.513	0.526	0.538	0.551	0.564	0.576	0.589	0.601	0.614	0.526
H_{11}	0.330	0.341	0.332	0.383	0.362	0.399	0.398	0.410	0.423	0.435	0.447	0.460	0.473	0.485	0.498	0.412
H_{12}	0.334	0.345	0.336	0.387	0.366	0.403	0.402	0.415	0.427	0.439	0.452	0.464	0.477	0.490	0.502	0.416
H_{13}	0.385	0.397	0.389	0.441	0.420	0.459	0.458	0.471	0.483	0.496	0.509	0.522	0.534	0.547	0.560	0.471
H_{14}	0.275	0.284	0.274	0.323	0.300	0.337	0.335	0.346	0.357	0.368	0.380	0.392	0.404	0.416	0.428	0.348
H_{15}	0.455	0.468	0.461	0.513	0.493	0.532	0.532	0.544	0.557	0.570	0.582	0.595	0.607	0.620	0.632	0.544
H_{16}	0.561	0.574	0.566	0.619	0.598	0.636	0.635	0.648	0.660	0.671	0.683	0.695	0.706	0.717	0.728	0.646
H_{17}	0.575	0.587	0.580	0.632	0.611	0.650	0.649	0.661	0.672	0.684	0.696	0.707	0.718	0.729	0.740	0.659
H_{18}	0.536	0.548	0.541	0.594	0.573	0.612	0.611	0.623	0.636	0.648	0.660	0.672	0.683	0.695	0.706	0.623
H_{19}	0.328	0.339	0.330	0.381	0.360	0.398	0.397	0.409	0.421	0.433	0.446	0.458	0.471	0.483	0.496	0.410
H_{20}	0.262	0.270	0.259	0.309	0.285	0.321	0.318	0.329	0.340	0.351	0.362	0.374	0.385	0.397	0.409	0.331
H_{21}	0.556	0.568	0.561	0.613	0.593	0.631	0.630	0.643	0.655	0.666	0.678	0.690	0.701	0.713	0.724	0.641
H_{22}	0.465	0.478	0.470	0.523	0.503	0.541	0.541	0.554	0.567	0.579	0.592	0.604	0.617	0.629	0.641	0.554
H_{23}	0.335	0.346	0.337	0.389	0.367	0.405	0.404	0.416	0.428	0.441	0.453	0.466	0.478	0.491	0.504	0.417
H_{24}	0.319	0.329	0.320	0.371	0.350	0.387	0.386	0.398	0.410	0.422	0.434	0.447	0.459	0.472	0.485	0.399
H_{25}	0.371	0.383	0.375	0.427	0.406	0.444	0.444	0.456	0.469	0.482	0.494	0.507	0.520	0.533	0.545	0.457
H_{26}	0.571	0.583	0.576	0.628	0.608	0.646	0.645	0.657	0.669	0.681	0.692	0.703	0.715	0.726	0.737	0.656
H_{27}	0.929	0.932	0.915	0.957	0.927	0.956	0.945	0.948	0.950	0.952	0.954	0.957	0.959	0.961	0.963	0.947
H_{28}	0.568	0.581	0.573	0.626	0.605	0.643	0.642	0.654	0.666	0.678	0.690	0.701	0.712	0.723	0.734	0.653
总体	0.490	0.504	0.442	0.546	0.512	0.576	0.590	0.601	0.586	0.589	0.602	0.625	0.634	0.647	0.661	0.574

过取算数平均值得出各行业在研究区间的平均能源效率，通过以各行业生产总值所占制造业整体生产总值的比值为权重，对各行业的能源效率取几何平均值，得出制造业整体的能源效率。

对于制造业整体而言，由表 4.3 可知其在 2000～2014 的能源效率均值为 0.574，这说明中国制造业的能源效率在此期间仍具有 0.426 的提升空间，说明中国制造业目前的能源效率状态不够理想。从时间维度来看，在研究区间内制造业能源效率整体呈上升趋势，但在 2000～2005 年能源效率波动较为明显，具体情况为：在 2002 年能源效率由 2001 年的 0.504 下降到 0.442，但在 2003 年又提高到了 0.546，在 2004 又下降到了 0.512。在 2005～2014 年，除 2008 年外，制造业的能源效率在逐步上升。

同时由表 4.3 可以看出，不同行业的能源效率表现出了很大的不同，绝大部分行业的能源效率在研究期间内都处于较低水平。能源效率最高的行业是技术密集型行业中的通信设备计算机及其他电子设备制造业（H_{27}），其能源效率在 2000～2014 年均达到 0.9 以上。仪器仪表及文化办公用机械制造业（H_{28}）、橡胶制造业（H_{17}）、塑料制造业（H_{18}）、电气机械及器材制造业（H_{26}）等的能源效率也相对较高，其平均能源效率均达到了 0.6 以上。而资本密集型行业中的烟草制品业（H_4）的能源效率最低，其平均能源效率为 0.327，化学原料及化学制品制造业（H_{14}）的平均能源效率为 0.348，黑色金属冶炼及压延加工业（H_{20}）的平均能源效率为 0.331，其能源效率也普遍较低。从时间维度来看，虽然制造业细分行业的能源效率整体表现为上升的态势，但增长缓慢，而且绝大部分行业每年的能源效率均在 0.6 以下，表明制造业各细分行业整体仍然处于较低的能源效率水平，能源效率仍然有待进一步提高。

4.4.3　不同要素密集型制造业能源效率分析

按要素密集度对制造业进行划分，将其分成了资本密集型行业、技术密集型行业、劳动密集型行业三种类别。根据表 4.3 的估计结果，仿照制造业整体能源效率的计算方法则可得到三大类型制造业的能源效率，其具体计算结果见表 4.4。

根据制造业整体和不同要素密集型制造业能源效率的数据，绘制出了能源效率随时间变化的趋势图，如图 4.1 所示。

表 4.4　不同要素密集型制造业的能源效率

类别	年份															平均值
	2000	2001	2002	2003	2004	2005	2006	2007	2008	2009	2010	2011	2012	2013	2014	
资本密集型	0.417	0.425	0.400	0.452	0.426	0.438	0.451	0.462	0.480	0.491	0.504	0.514	0.525	0.536	0.551	0.471
技术密集型	0.616	0.636	0.524	0.668	0.593	0.682	0.693	0.698	0.675	0.671	0.679	0.690	0.693	0.697	0.707	0.661
劳动密集型	0.376	0.383	0.390	0.405	0.427	0.456	0.469	0.484	0.505	0.519	0.533	0.548	0.563	0.578	0.600	0.482

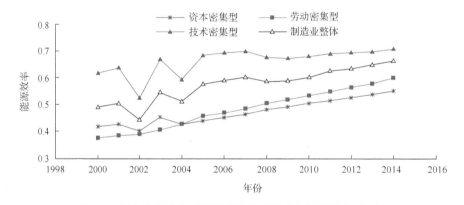

图 4.1　制造业整体和不同要素密集型制造业能源效率时序图

由表 4.4 可知在研究区间内，资本密集型行业、技术密集型行业及劳动密集型行业能源效率均值分别为 0.471、0.661、0.482，其中技术密集型行业表现出了相对较高的能源效率，资本密集型行业的能源效率最低，而劳动密集型行业的能源效率介于两者之间。技术密集型行业具有先进生产技术的特点，其能源利用率表现出较高水平，而资本密集型行业集中了高耗能行业，能源损耗较为严重，能源效率相对较低，这也与吕明元和王洪刚的研究结果基本一致[125]。另外，通过与制造业整体的能源效率比较可以发现，资本密集型行业和劳动密集型行业的平均能源效率均低于制造业整体的能源效率，而技术密集型行业的平均能源效率则明显高于制造业整体的能源效率，而且其与另外两种类型的行业具有较大的差异。

在研究期间，制造业整体的能源效率分别在 2002 年和 2004 年表现出下降的趋势，之后继续上升并维持在相对较高的水平，在 2008 年稍微有所降低，但之后呈逐步上升的趋势。技术密集型行业的能源效率在研究区间均大于制造业整体的能源效率，但总体来看两者的变化趋势一致，都是在 2000~2005

年波动性较大，2008 年有所降低，之后开始表现为缓慢上升的态势。资本密集型行业的能源效率仅在 2000~2005 年出现轻微波动，之后则一直表现为上升趋势。劳动密集型行业在研究期间则一直呈现出上升趋势，在 2000~2004 年，劳动密集型行业的能源效率低于资本密集型行业，但在 2004 年之后，劳动密集型行业的能源效率反超了资本密集型行业。

由图 4.1 可知，在样本期间内，仅有技术密集型行业的能源效率高于制造业整体的能源效率，资本密集型行业每年的能源效率均在制造业整体的能源效率之下，劳动密集型行业也表现出这种特征。但三大类制造业的能源效率自 2005 年之后大体上均呈现上升趋势，能源效率有所提高，这意味着"十一五"期间实施的节能政策取得了一定的成效。虽然制造业的能源效率有所改善，但是其仍处于较低水平，制造业大部分细分行业的能源效率仍低于 0.6，即意味着其能源效率仍然有 0.4 以上的提升空间，因此仍需进一步加强节能降耗措施的实施，实现能源效率的提高。

同时，从图 4.1 可以看出技术密集型行业的能源效率与资本密集型和劳动密集型行业之间的能源效率差异很大，而劳动密集型行业和资本密集型行业的能源效率则很接近。虽然制造业各类行业的能源效率整体都表现出增长的趋势，但是各自的增长速度又有不同：技术密集型行业与制造业整体的能源效率距离在逐渐缩小，说明技术密集型行业能源效率的增长速度相对较慢；资本密集型行业总体上和制造业整体的能源效率的增长速度一致；而劳动密集型行业的能源效率与技术密集型行业的差距逐渐减小，说明随着科技进步，劳动密集型行业的能源效率的变化趋势呈现出向技术密集型行业的能源效率的变化趋势靠拢的趋势，能源效率处于持续上升过程。而且自 2004 年之后，其能源效率超过了资本密集型行业，说明相对其他类别的行业，劳动密集型行业的能源效率表现出较快的增长速度。

4.5　本章小结

本章首先对测算全要素能源效率的方法进行了对比分析，最终选取了基于 SFA 方法对能源效率进行测算。其次通过建立 SFA 模型对制造业细分行业的能源效率进行测算，发现不同类别的制造业的能源效率差别较大，而且制造业整体的能源效率仅为 0.574，仍表现出很大的提升空间。最后对不同类别行业的能源效率进行了对比分析，得出了技术密集型行业的能源效率最高，劳动密集型行业的能源效率提高速度最快的结论。

第5章 技术进步对能源效率的影响——回弹效应形成机制

5.1 回弹效应概念

5.1.1 概念界定

能源回弹效应问题目前已经发展成为能源经济学中的一个重要命题。回弹效应的提出为研究技术进步、能源效率与能源消费之间的关系提供了一种全新的视角，它促使人们重新审视依靠技术进步改善能源效率进而降低能源消费的政策思路。回弹效应的理论机制、测算方法和限制途径等相关研究内容也逐渐成为国内外学者和政府部门关注的热点[126]。因为回弹效应的大小在很大程度上决定了提高能源效率对降低能源消费的有效程度，所以在制定能源政策时如果能充分考虑回弹效应，就可以更加准确地衡量和评估可能取得的节能效果[68]。

本章在分析回弹效应的形成机制时，为了分析和表述方便，将生产过程中的投入要素分为能源和其他要素(包括劳动、资本和其他中间投入等)。进一步地，由于生产过程中的效率损失、能源投入量和实际参与生产的能源服务等有时并不一致，在后面的表述中，将生产过程中的生产要素投入分为两大类：能源服务和其他投入。

Khazzoom 对回弹效应的定义建立在消费者总效用水平不变的情形下，分析能源效率改进未必会引起能源需求的下降，相反可能会由于能源效率的提高后降低了能源边际成本，进而增加了能源服务需求。他的解释是只要能源服务需求对其成本具有足够的弹性，那么能源消费的实际减少与单位能源服务所消耗能源的减少就不是同比例变化的[127]。如图 5.1 所示，能源效率提高未必会引起能源需求下降，相反可能会导致能源服务增加。在其他条件不变的情况下，能源效率改进使能源服务成本由 P_1 下降到了 P_2，能源价格的下降使生产者有了更多的利润，导致更多的生产者进入该行业，使供给曲线由 S_1 变到 S_2，均衡点由 A 点移向了 B 点。在新的均衡 B 点，均衡的能源使用数量由 Q_1 增加到 Q_2，即大于均衡点为 A 点时的能源需求水平。相应地，Q_2–Q_1 部分就是能源回弹效应部分。Khazzoom 运用图 5.1 高度简化地解释了当能源效率提高后，在供给侧生产成本相对降低后，产品供给增加使得能源使用成本下降、能源需求量增加。该分析模型并没有进一步分析能源效率提高后需求侧对能源需求的变化,解释力相对不足。

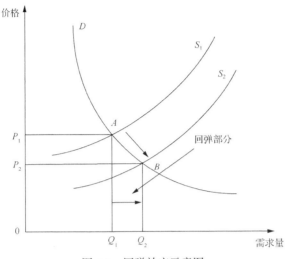

图 5.1 回弹效应示意图

通常认为,提高能源效率有助于节约更多的能源,从而使能源消费总量降低,因此,能源效率一度被视为除煤炭、石油、天然气和核能之外的"第五大能源"。然而,这一节能降耗思路目前已经受到了一些挑战。已有经验研究表明,提高能源效率和节能目标之间有可能并不一致,政府通过提高能源效率而进行节能的政策效果往往要小于预期效果。能源效率的提高所节约的能源,可能会通过替代效应、收入效应和产出效应等机制所产生的新的能源需求而被部分甚至完全抵消[93],即产生所谓的回弹效应。回弹效应的原始思想可以追溯到 1865 年,Jevons 在其著作《煤炭问题》中提出了"杰文斯悖论"(Jevons paradox)。他指出技术进步一方面可以通过提高能源效率而降低能源消费,然而与此同时技术进步也会加快经济发展,加大能源消费,从而对能源的节约形成冲击。Saunders 在 Khazzoom[127]和 Brookes[128]的研究的基础上于 1992 年也提出了能源回弹效应的概念[129],其含义是通过技术创新可以提高能源效率而节约能源消费,但同时技术创新也会促进经济快速增长,从而对能源产生新增的需求,由此部分地抵消技术创新所节约的能源。

Saunders 将回弹效应定义为能源消费对能源效率的弹性[130]。随后 Sorrell 和 Dimitropoulos 假定消费者对能源效率提高和能源价格下降具有相同的反应,则回弹效应可以用能源的自价格弹性来衡量[92],本书在研究制造业的回弹效应时,也是按照能源价格的自价格弹性对回弹效应进行测算。回弹效应的存在使得节能效果远没有达到预期，如果回弹效应致使新的能源需求量超过了能源的节约量，那么整体的能源消费量反而会出现不减反增的情况，即表现出"回火"效应。

与之相类似，Lin 和 Li 定义回弹效应为能源效率提高而导致能源服务价格下降，从而引起能源消费量增加的现象[71]。举例来说，能源效率提高后，在产出一定的情况下，相对于其他投入要素而言，能源价格相对下降，这会进一步导致生产者使用能源去替代其他投入要素，从而增加了能源要素的投入，因此产生回弹效应。这个回弹效应也是本书所认可和使用的定义。

Saunders 从宏观层面界定的回弹效应在研究中比较具有代表性[129]。他以 $Y=f(K, L, rE)$ 为生产函数，用 Y 表示产出，K 表示资本，L 表示劳动，E 表示能源消费，r 表示能源效率参数，所以 $X=rE$ 则表示实际能源服务投入，r 在这里实际就是节能潜力的表征。Saunders 把能源消费对能源效率的弹性 ε 作为能源效率的提高所引起的能源消费变化的回弹效应的定义：

$$\varepsilon = \mathrm{d}\ln E / \mathrm{d}\ln r = (\mathrm{d}E / E) / (r / \mathrm{d}r) \tag{5.1}$$

此外，能源的自价格弹性表示当能源价格下降 1%时，生产者能源消费增加的百分比。Sorrell 假定能源消费者对能源效率改进和对能源价格下降反映相同，则回弹效应的测度可以通过能源的自价格弹性来表示[131]。Bentzen[59]、Sorrell 和 Dimitropoulos[92,132]、Sorrell 等的研究又进一步证明能源服务的自价格弹性是对直接回弹效应很好的估计。这是因为能源效率改进导致能源服务价格相对下降，能源消费随之增加。因此可以假定能源效率改进可以通过能源价格的下降来传递，回弹效应则可以用能源的自价格弹性来表示[133]。本书对于回弹效应的测算也采用了这个思路，主要分析当技术效率改进引起能源服务价格变化后，要素间的替代作用使得能源消费量发生的变化量。

5.1.2　回弹效应值分类

按照回弹效应的测算结果，可以分为以下五种情况：

(1)回弹效应 RE＞1 为逆反效应(backfire effect)，此时实际能源消费量大于初始能源消费量，能源效率政策不仅没有使能源消费降低，反而使其增加。

(2)RE=1 为完全回弹(full rebound)，此时实际能源消费量等于初始能源消费量，能源效率政策无效。

(3)0＜RE＜1 为部分回弹(partial rebound)，此时实际能源消费量小于初始能源消费量，但大于预期能源消费量，存在积极的节能效果。

（4）RE=0 为零回弹（zero rebound），此时实际能源消费量等于预期能源消费量，预期的节能效果完全实现，这是一种较为理想的状态。

（5）RE＜0 为超级节能（super conservation），此时实际能源消费量小于预期能源消费量，是可持续发展的最佳状态。

5.2　回弹效应来源分类

根据 Greening 等的研究成果，本书将生产端的回弹效应分为三类——直接回弹效应、间接回弹效应和整体经济回弹效应[93]。前两种回弹效应是发生在局部产业层面的，后一种回弹效应是发生在整个经济层面的。

5.2.1　直接回弹效应

直接回弹效应就是能源效率的提高降低了能源服务的有效使用价格，因此，由于能源服务的有效使用价格的相对下降将会增加此种能源的消费，这将会抵消由能源效率提高所引起的能源消费的减少量，被抵消的能源消费量就是由直接回弹效应所引起的。

Sorrell 从能源的生产端和消费端两种情况对直接回弹效应进行了分析[131]。在消费端，他将回弹效应分解为替代效应与收入效应两种作用机制，这也是目前相关文献中最频繁用于解释回弹效应的两种机制，如图 5.2 所示。基于

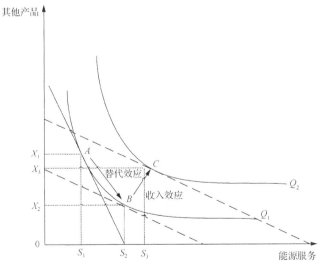

图 5.2　消费端回弹效应

效用最大化理论，在预算约束下消费者将在无差异曲线上同时消费某种能源服务 S 和其他产品 X 以使其效用实现最大化。A 点为无差异曲线的初始均衡状态。当能源效率得到改进，就意味着相对于其他产品价格，能源服务价格相对下降。在无差异曲线不变的情况下，即总效用不变的情况下，消费者会选择消费更多的能源来替代其他商品。这导致了初始均衡点由 A 点移向了 B 点。在新均衡点 B 点处，新的能源服务 S_2 大于原来的能源服务 S_1，其他产品消费 X_2 则小于 X_1。

所以，在这里能源回弹的替代效应可以被定义为：在消费者效用水平不变的条件下，消费者利用更多因效率提高而变得相对廉价的能源服务替代其他商品或服务的消费。此外，从总体上来看，能源服务价格的降低意味着消费者购买力的提高，这将使无差异曲线向右上方平移。在能源消费和其他产品消费保持不变的情况下达到新均衡点 C 点，这时能源服务由 S_2 变成了 S_3，其他产品消费也由 X_2 变成了 X_3。由 B 点到 C 点的变化就是收入效应。这里，能源回弹的收入效应可以被定义为：在其他产品价格和消费者名义收入不变的条件下，能源效率改进所引起的能源服务价格相对下降，使得消费者的真实收入有所增加，从而使消费者有能力消费更多的能源服务和其他产品而提高其效用水平。能源效率提高后引发的替代效应和收入效应的总和是直接回弹效应。用 $E(S)$ 表示能源效率改进前获得能源服务 S 所对应的能源消费量 E，$E^*(S)$ 则表示能源效率改进后获取的值，则回弹效应 RE 可以表示为

$$\text{RE} = \left\{ \left[E^*(S_3) - E^*(S_1) \right] / \left[E(S_1) - E^*(S_1) \right] \right\} \times 100\% \qquad (5.2)$$

在厂商端，Sorrell 将直接回弹效应分解为替代效应、收入效应和利润最大效应[131]，如图 5.3 所示。

在利润最大化目标下，厂商使用能源服务 S' 和其他投入量 Z 在生产成本约束下进行生产。假设 A 点为等产量线上的初始均衡点，当能源效率发生改进后，能源服务成本相对其他投入下降，在等产量线不发生移动的情况下，厂商基于成本最小化的原则将会选择更多的能源服务来替代其他投入量。这样生产均衡点就由 A 点转移到了 B 点，能源服务由 S'_1 变为了 S'_2，其他投入量由 Z_1 变为了 Z_2。这里，替代效应可以被定义为：在产出水平不变的条件下，能源效率提高使得能源服务价格变得相对廉价，厂商为了追求利润最大化而加大使用能源要素，因此能源服务对其他投入进行了替代。

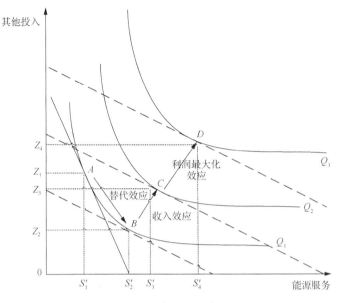

图 5.3　厂商端回弹效应

此外，能源服务的相对成本降低意味着在成本约束不变的前提下，厂商可以获得更多的生产要素投入量，即等成本曲线向右上方移动。在其他投入价格不变的情况下，新的均衡点为 C 点。此时，能源服务由 S_2' 变成了 S_3'，其他投入量由 Z_2 变成了 Z_3。所以，产出效应可以定义为：在厂商产品价格和生产成本水平不变的条件下，能源效率改进所节约的成本使厂商的产出水平得以提高，从而引起包括能源服务在内的所有生产要素的投入量增加。

但是，Sorrell[131]认为能源效率改进对厂商的影响没有到此为止，C 点的均衡状态只是暂时的，只在生产成本既定时要素组合的最优状态下存在，此时作为单个个体的厂商实现了暂时的利润最大化。然而，在完全竞争市场条件下，超额的利润会使逐利的企业进入市场，这会导致产品供给增加，产品供给增加又会导致产品价格下降，进而导致需求增加。这一系列过程可以表示为等产量线向右上方移动，这一过程和 Khazzoom 的框架[127]相类似（图 5.1）。D 点为新的均衡点，能源服务由 S_3' 进一步变为 S_4'，其他投入量由 Z_3 进一步变为 Z_4。Sorrell[131]并未直接给出利润最大效应的定义，本书采用杨莉莉和邵帅[126]的定义：在完全竞争市场条件下，能源效率改进所节约的成本使厂商的利润水平得以提高，从而吸引更多的厂商生产更多的产品，引起产品的供给增加，带动包括能源服务在内的所有生产要素的投入量增加。

如果用 $E(S')$ 和 $E^*(S')$ 分别表示在能源效率改进前后获得能源服务 S' 所对应的能源消费量 E，那么厂商端的回弹效应可表示为

$$\text{RE} = \left\{ \left[E^*(S_4') - E^*(S_1') \right] / \left[E(S_1') - E^*(S_1') \right] \right\} \times 100\% \qquad (5.3)$$

厂商端的替代效应总是能够增加能源服务消费，但收入效应和利润最大效应对能源服务消费的影响方向是不确定的。它们取决于能源服务在生产中是属于正常产品还是劣等品，正常产品是增加效应，劣等品是减少效应。因此，图 5.3 给出的只是能源服务作为常规生产要素时的情形。如果能源服务是劣等品，那么等产量线 Q_3 可能位于 Q_2 的左边，对能源服务的投入反而会减少。可见，厂商端直接回弹效应的最终大小取决于替代效应、收入效应和利润最大效应的综合影响。

5.2.2　间接回弹效应

间接回弹效应为消费者相对收入的提高及生产者生产成本的下降导致的超出其直接能源服务需求和本行业范围的影响，这种影响是由其他产品和服务(包括其他能源服务)需求的增加所传导过来的。并且，如果考察的时间足够长，这些需求导致的增加可能引起能源消费的增加，并进一步带动经济增长。间接回弹效应的整个传导过程为：当能源产品或能源服务价格下降时，消费者相对收入增加，这会导致消费者对其他产品或服务需求的增加，而在生产这些产品时也会消耗掉能源，从而能源消费进一步增加[76]。

5.2.3　整体经济回弹效应

整体经济回弹效应为能源效率改进所引起的能源服务价格的降低，带动不同市场间相关中间产品和最终产品或服务的价格和产出随之调整，由此导致经济系统整体上发生相应变化，包括微观经济层面的产品和服务价格降低、需求增加，以及宏观经济层面的整体生产效率提高和经济增长加速，进而拉动整个经济系统对能源的需求和消费增加。整体经济回弹效应的作用过程为：当发生了技术进步，能源效率改进后，在生产中能源要素的投入会减少，从而导致能源支出成本下降，而能源支出成本下降会导致高耗能部门的利润提高，这又会刺激能源密集型行业的发展，从而增加对能源产品的需求；与此

同时，能源效率改善也可能带动整个经济的增长，经济的增长反过来又增加对能源的消费。经济范围的回弹效应涵盖了直接回弹效应和间接回弹效应，定量研究方法通常采用 CGE 模型[61,68,76,133,134]。

　　从回弹效应分类的论述中，不难发现回弹效应的三种类型在计算思路和分析思路上具有一定的差别，不同学者在研究时会针对不同类别的回弹效应对其进行研究和测算。例如，国涓等[70]主要针对直接回弹效应采用联立方程的思想来研究测算回弹效应；查冬兰和周德群则主要针对间接回弹效应采用 CGE 模型来测算回弹效应[76]。本书在后续的分析和测算时主要通过分析直接回弹效应对回弹效应进行研究。

5.3　回弹效应影响因素

5.3.1　技术创新

　　回弹效应起源于能源效率的提高，而技术创新是能源效率提高最主要的推动力。图 5.4 为技术创新对回弹效应的影响示意图。A 点为不存在技术创新，此时能源服务为 S_1'，其他投入量为 Z_1。B 点为发生了技术创新后的要

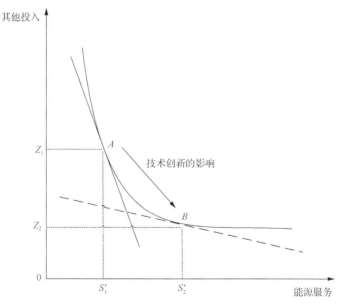

图 5.4　技术创新对回弹效应的影响示意图

素投入均衡点，在 B 点技术创新的作用使得能源的使用效率提高，能源服务的价格相对降低，生产者偏向于使用更多的能源投入来进行生产，此时的能源服务为 S_2'，其他投入量为 Z_2。$S_2' - S_1'$ 就是由于技术创新的影响而产生的能源回弹效应。

　　此外，根据 Brennan 的研究结果[135]认为，在能源价格水平不同时，技术创新对回弹效应的影响可以进一步分为两种情况：能源价格偏高时，技术创新会导致能源消费增加，并导致回弹效应增加；能源价格偏低时，技术创新会导致能源消费减少，回弹效应导致出现超级节能效应。这个过程可以通过图 5.5 的描述：图中横坐标表示能源消费量，纵坐标表示能源价格，AB 和 CD 分别为能源需求曲线。能源效率提高后，生产中会投入更少的能源要素，因此在图中斜率越大的需求曲线表示能源效率越高，即 AC 表示低能源效率的能源需求曲线，BD 表示高能源效率的能源需求曲线。AC 和 BD 的交点为能源效率偏转点，它表示随着能源价格的下降能源效率改进对能源消费量的边际替代率递减为0。技术创新引发的能源效率改进对能源消费的替代分别为图中的 AB 和 CD。由图 5.5 可知，在能源价格偏高时如能源价格处在 P_2 水平时，能源消费量处在较低的 Q_1 水平，发生技术创新使得能源效率改进后由于原先生产中能源投入较少，增加能源投入的边际产出仍然为正，生产者会使用更多地能源来进行生产，这会导致能源消费量由 Q_1 上升到 Q_2，回弹效应 AB 为正。当能源价格偏

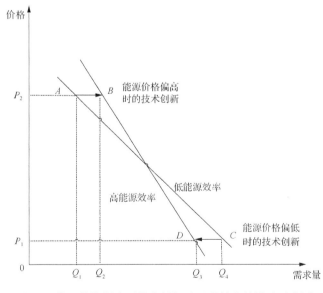

图 5.5　能源价格影响下技术创新对回弹效应的影响示意图

低时如能源价格处在 P_1 水平时，能源消费量处在较高的 Q_3 水平，发生技术创新后由于原先生产中能源投入较多，能源消费若继续增加会使得边际产出不再增加甚至减少。此时技术创新引发的能源效率改进，会在能源消费量不变或减少的情况下增加产出，此时能源消费量由 Q_3 下降到 Q_4，此时回弹效应 CD 为负。

5.3.2　产业结构

　　产业结构也会对回弹效应产生重要的影响。不同行业对能源的依赖程度不同，如重工业比轻工业的能源消费量高，近年来中国重工业的终端能源消费量占到了中国终端能源消费总量的 65%[71]。以高耗能和低耗能两类行业为例说明不同类型行业对能源回弹效应的影响不同，在其他条件不变的情况下，能源效率得到改善时，在高耗能产业的成本总支出中，能源支出的份额很大，因此当能源服务价格相对降低后，厂商为了实现成本最小化目标，会增加能源要素的支出，由此带来的能源消费的回弹部分也比低耗能产业大得多。在图 5.6 中，当能源效率提高后，能源服务价格相对变低，要素投入的均衡点由原来的 A 点变为了 B 点和 C 点，B 点和 C 点分别代表高耗能行业和低耗能行业的新均衡点。显然，高耗能行业的能源回弹效应 $(S_2' - S_1')$ 大于低耗能行业的能源回弹效应 $(S_3' - S_1')$。

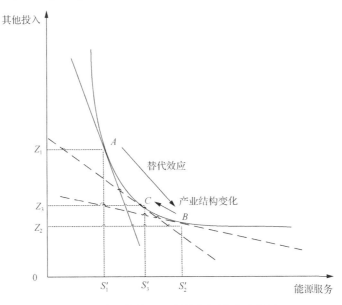

图 5.6　产业结构对回弹效应的影响示意图

制造业中高耗能行业所占的比例较高，如由于中国目前正处于工业化发展的中后期阶段，重化工行业在制造业中的所占比例居高不下，这是中国制造业回弹效应处于高位的重要原因。随着工业化进程逐渐推进到后期，制造业产业结构逐渐由重型化过渡到轻型化，回弹效应也会逐渐降低。

5.3.3　能源价格

如图 5.7 所示的能源价格对回弹效应的影响示意图与图 5.2 相同。同样地，由于能源价格下降产生的替代效应和收入效应对回弹效应产生了影响。

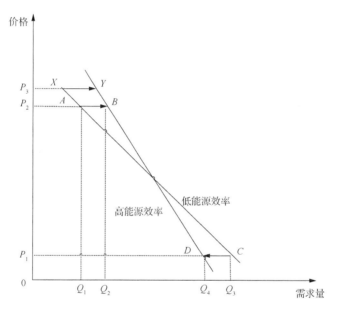

图 5.7　能源价格对回弹效应的影响示意图

根据 Brennan 的研究，同技术创新的作用类似，能源价格对回弹效应的影响也有两种情况：第一种是能源效率改进发生在能源价格处于能源效率偏转点之上；第二种是能源效率改进发生在能源价格处于能源效率偏转点之下[135]。通过图 5.7 来进行说明，AC 表示低能源效率的能源需求曲线，BD 表示高能源效率的能源需求曲线，图中 AC 和 BD 的交点为能源效率偏转点。

当能源效率改进 AB 发生在能源价格处于能源效率偏转点之上，即 P_2 水平线上时，能源需求量由 Q_1 上升到了 Q_2，此时能源需求量增加，回弹效应加大。当能源效率改进 CD 发生在能源价格处于能源效率偏转点之下，即 P_1 水平线上时，能源需求量由 Q_3 下降到了 Q_4，此时能源需求量减少，回弹效应为负值(也有学者称之为"超级节能")。对比 XY 和 AB 的距离，不难发现，在其他条件不变的情况下，能源价格越高时，回弹效应越大。

　　也有研究指出，在资本更新周期长和产业结构变化慢的情况下，回弹效应对于能源价格变化是不对称的。举例来说，能源价格上涨时，回弹效应对应的能源需求量变化并不大；而价格下降时，回弹效应对应的能源需求量变化较大[71]。这一现象的直接后果就是使提高能源价格来抑制回弹效应的政策变得收效甚微，反而会由于增加了能源支出成本而增加企业的负担。

5.3.4　能源供给

　　能源供给充足程度对回弹效应的影响与其他因素有显著的区别，主要原因在于当能源供给充足时其对回弹效应没有显著的影响，但当能源供给不足时，能源效率改进所节约下来的能源会被能源供给的缺口吞噬，从而在很大程度上加大了回弹效应，具体如图 5.8 所示。

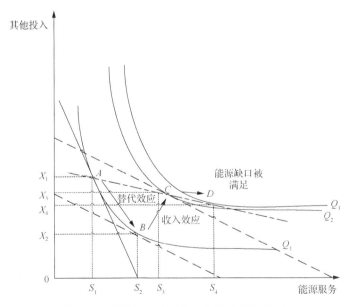

图 5.8　能源供给对回弹效应的影响示意图

　　当能源效率发生改进时，能源服务成本相对其他投入下降，在等产量线不发生移动的情况下，厂商基于成本最小化的原则将会选择使用更多的能源服务来替代其他投入。这样生产均衡点就由 A 点转移到了 B 点，能源服务由 S_1 变为了 S_2。此外，能源服务的相对成本降低意味着在成本约束不变的前提下，厂商可以获得更多的生产要素，即等产量线向右上方移动。在其他产品价格不变的情况下，新的均衡点为 C 点。此时，能源服务由 S_2 变成了 S_3。如果存在能源供给不足，那么当能源效率提高后会"节约"下大量的能源，此时这部分能源投入并没有真正"节约"下来。这是因为存在能源供给缺口，在生产过程中必然会使用其他生产要素替代能源投入，所以此时实际生产过程不是成本最小化的，而是在现有能源供给约束情况下的成本选择。当一部分能源供给被能源效率提高所释放出来,企业会更加倾向于加大能源投入来扩大产量，更加倾斜的等成本线与向右上方移动的等产量线切于 D 点，此时能源服务从 S_3 继续增加到 S_4，即回弹效应因为能源供给不足的因素而加大。

5.4　回弹效应形成机制

（1）能源价格是产生回弹效应最直接的因素之一。如图 5.9 所示，在不考虑能源供给瓶颈的情况下，由于技术创新，能源价格的变化会对能源回弹效应产生影响。根据图 5.2 和图 5.7 所示的影响过程，当能源价格相对较高时，技术创新促使能源效率提高，能源价格相对下降，此时存在正替代效应和正收入效应（图 5.2 所示过程），引起能源需求进一步上升，对回弹效应产生正影响；当能源价格相对较低时（图 5.7 的 CD），能源价格上升，此时存在负替代效应和负收入效应（图 5.2 的逆过程），能源需求下降，对回弹效应产生负影响。

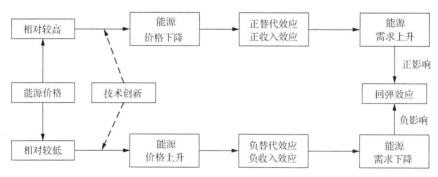

图 5.9　能源价格对回弹效应的作用机制

(2)能源供给也是回弹效应形成的重要影响因素之一。当能源供给充足时，其对回弹效应产生的影响通过图 5.9 所示的影响路径实现，但当能源供给不足时，其对回弹效应会产生较大的影响。这是因为在能源供给不足的状态下，伴随着技术进步引起能源价格下降，当其他生产要素与能源可替代时，生产者会更加偏向于使用能源作为投入要素进行生产，这会导致能源效率改进所节约下来的能源被迅速投入生产系统中，这一过程会对能源回弹效应有正影响，如图 5.10 所示。

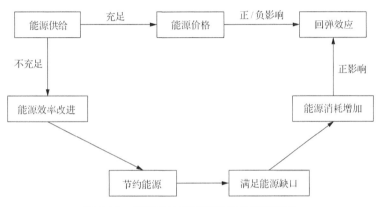

图 5.10   能源供给对回弹效应的作用机制

(3)产业结构也是回弹效应形成的重要影响因素之一。产业结构对回弹效应的影响主要取决于产业结构的变化方向。自 20 世纪 90 年代中后期以来，中国工业结构出现了显著的重化工业化趋势。一个大国经济体在工业化的中后期阶段，其工业化水平的提高以重化工业的发展为主，这符合工业结构演变的规律。但是，中国重化工业化的推进方式具有明显的粗放型和外延式特点，重化工业中相当多的落后产能使中国工业生产的能源效率处于较低水平[136]，加重了能源的过度消费。同时，重型化的产业结构相比轻型化的产业结构更容易出现粗放型的增长模式[99]。相对集约型的增长模式，粗放型的增长模式会导致更大的能源消费的浪费。这也会进一步导致重型化产业结构的能源回弹效应大于轻型化产业结构的能源回弹效应。产业结构对回弹效应的影响过程如图 5.11 所示。

(4)技术创新能够直接对回弹效应产生影响，同时也能够通过影响能源价格、能源供给和产业结构对回弹效应产生影响，如图 5.12 所示。

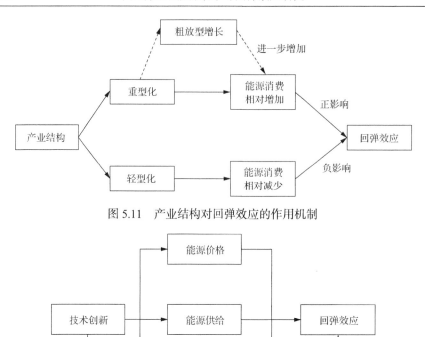

图 5.11　产业结构对回弹效应的作用机制

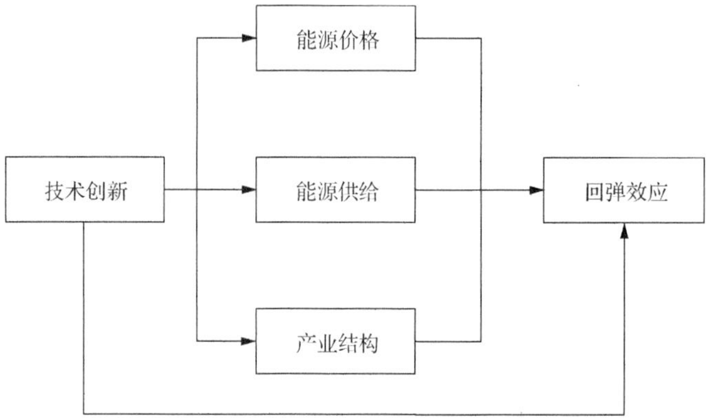

图 5.12　技术创新对回弹效应的作用机制

　　从技术创新影响能源价格的视角来看，当某种能源价格偏高且使用量偏少时，技术创新会降低这种能源的价格并且增加其使用量，这会增加正的能源回弹效应；当某种能源价格偏低且使用量偏多时，技术创新会提高能源效率进而减少这种能源的使用量，这会增加负的能源回弹效应，这也是 Saunders 等学者所提出的超级节能的情况。

　　从技术创新影响能源供给的视角来看，一方面，技术创新能够促进能源供给的增加：第一，通过开采技术和节能技术的进步直接增加能源供给，如石油开采技术变革能够增加石油的开采数量；第二，通过新技术增加能源的可用替代，间接增加能源供给，如核能及页岩气的开采和应用增加了能源的供给方式。另一方面，技术创新的开展能够引发消费者对某类产品的需求增加，导致能源供给相对紧张。根据 5.3.4 节的论述，能源供给不足，会对回弹效应产生正影响。

从技术创新影响产业结构的视角来看，技术创新会促进工业的转型升级，当技术创新使产业结构向着偏重型化的方向前进，在不考虑能源价格和能源供给变化的情况下，其会对回弹效应产生正影响，反之亦反。其影响过程如图 5.11 所示。

从技术创新影响回弹效应的视角看，Brookes 指出技术创新提高能源效率有利于经济增长，而经济增长会增加对能源的需求[128]，这一过程会对回弹效应产生正影响。技术创新会促进能源服务需求的增加，其中能源服务需求取决于能源服务成本的大小，而能源服务成本的大小又取决于能源效率的高低，所以，反过来能源服务需求又促进了能源效率的提高。因此，对生产技术进行持续的技术创新以提高能源效率水平是生产成本最小化的激励结果，这说明在一定程度上，技术创新对能源效率改进的程度也决定了回弹效应的大小。

长期来看，技术创新对能源回弹效应产生的影响不仅取决于其自身，还取决于技术创新对能源价格、能源供给和产业结构作用的总和。

5.5 本 章 小 结

本章界定了回弹效应的定义，并梳理了不同学者对能源回弹效应的定义。对能源回弹效应进行分类，从对生产端影响的范围不同，可以分为直接回弹效应、间接回弹效应和整体经济回弹效应。为了分析能源回弹效应的形成机制，应用均衡理论和生产理论分析技术创新、产业结构、能源价格和能源供给对回弹效应的影响和作用机制，从理论上分析了能源回弹效应的影响机制。

第6章　制造业回弹效应模型建立与测算

6.1　模型选择

不同的生产函数会对结果产生或大或小的影响，对于生产函数的选取，在国内外研究中柯布道格拉斯(C-D)生产函数形式和 CES 生产函数形式运用的比较多。这是因为，C-D 和 CES 理论框架简单，适用于理论分析，因而运用的比较广泛。因素需求方程也可以用这两个函数形式为基础推导出来。但是，CES 和 C-D 生产函数存在两个问题：第一，它们的形式往往只有两个因素(即劳动和资本)；第二，在重重假设前提之下其使用起来非常有限。Berndt 和 Christensen 在应用生产分析中使用了 translog 函数形式，这对后续的实证研究产生了重要的影响[137]。一般认为，translog 函数是对未知函数的二阶泰勒展开的近似形式，其具有更加一般化的形式及更少的参数限制的优点。从限制条件上来说，translog 生产函数比当前主流的 C-D 生产函数更优，因为 C-D 生产函数的严格假设前提在现实中很难全部满足，如因素之间完全替代[138]。

事实上，C-D 生产函数可以被视为一种有限制条件的 translog 对数函数。从研究角度来说，指定更加一般的函数形式比用不充足的先验信息来设置限定条件更优。而且，根据邵帅等[68]的研究，从中国国民经济发展的阶段性特征及能源市场的特殊性，尤其是从政府指导与市场配置相结合的能源价格"放而不开"的独特定价机制来看，对中国这样一个正处于转型时期的发展中大国而言，选择一般化的模型进行分析显然更优[68]。所以，本书使用 translog 成本函数形式来进行回弹效应的测算。

6.2　模型构建

6.2.1　translog 成本函数

translog 成本函数可认为是任意函数的二阶泰勒展开式的近似，其具有包容性和易估计性的优势，而且在考虑多要素情形时，其优势更为明显。根据郝枫的研究,采用 translog 成本函数计算弹性比采用 translog 生产函数效果更好[139]。因此,该处采用 translog 成本函数对中国制造业的回弹效应进行分析,构建能源、资本、劳动三要素的生产函数:$Q = f(K, L, E)$,其中 Q 为总产出,K 为资本投入,L 为劳动投入,E 为能源投入。由于成本函数为生产函数的对偶形式,成本函数即可表示为:$C = f(Q, P_K, P_L, P_E)$,其中 P_K、P_L、P_E 分别为资本、劳动、能源的价格。考虑到技术进步的作用,本书把反映时间的趋势变量 t 引入模型中,采用 translog 成本函数[71],得到如下形式:

$$\ln C = \alpha_0 + \alpha_Q \ln Q + \frac{1}{2}\gamma_{QQ}(\ln Q)^2 + \sum_i \delta_i \ln Q \ln P_i + \sum_i \alpha_i \ln P_i + \frac{1}{2}\sum_i \sum_j \gamma_{ij} \ln P_i \ln P_j$$
$$+ \alpha_t t + \frac{1}{2}\alpha_{tt}t^2 + \sum_i \beta_i t \ln p_i + \gamma_{Qt}t \ln Q \qquad i, j = K, L, E$$

$$(6.1)$$

式中,α_0、α_Q、γ_{QQ}、δ_i、α_i、γ_{ij}、α_t、α_{tt}、β_i、γ_{Qt} 为待估计的参数。

根据谢泼德引理,要素需求函数可以由成本函数对价格求偏导得到,即

$$x_i = \frac{\partial C}{\partial P_i} \qquad i = K, L, E \qquad (6.2)$$

因为要素成本份额 $S_i = \dfrac{P_i x_i}{C}$,所以可得到要素份额方程:

$$S_i = \frac{P_i x_i}{C} = \frac{P_i}{C}\frac{\partial C}{\partial P_i} = \frac{\partial \ln C}{\partial \ln P_i} = \alpha_i + \beta_i t + \sum_j \gamma_{ij} \ln P_j + \delta_i \ln Q \qquad i, j = K, L, E$$

$$(6.3)$$

式(6.3)构成了一个三方程的联立系统,同时其参数满足如下约束条件:

$$\begin{cases} \sum_i \alpha_i = 1, \sum_i \beta_i = \sum_i \delta_i = 0 & \text{(i)} \\ \sum_i \gamma_{ij} = \sum_j \gamma_{ij} = 0 & \text{(ii)} \\ \gamma_{ij} = \gamma_{ji} & \text{(iii)} \end{cases} \qquad (6.4)$$

式中,(i)为加总约束,其基于 $\sum_i S_i = 1$;(ii)为同质性约束,基于要素需求对其价格的零次齐次性;(iii)为对称性约束,基于可积函数杨(Young)定理。

由于 $\sum_i S_i = 1$,则 n 个成本份额方程中共有 $n-1$ 个是独立的,而且由于

$\gamma_{ij} = \gamma_{ji}$ 满足对称性,去除份额方程中任一方程均不影响弹性的计算结果。因此,本书在分析能源回弹效应时,将 L 的成本方程剔除,其他要素价格均使用相对价格,即与劳动价格之比:

$$P'_{jt} = P_{jt} / P_{Lt} \qquad j = K, E \tag{6.5}$$

成本份额方程则可重新表述为

$$S_{it} = \alpha_i + \beta_i t + \sum_j \gamma_{ij} \ln P'_{jt} + \delta_i \ln Q_t + \varepsilon_{it} \qquad i, j = K, E \tag{6.6}$$

式中,ε_{it} 为残差项。

动态最小二乘法能够规避要素间序列相关及内生性问题的影响,因此以此方法对方程做了进一步的修正。具体修正方程如下:

$$
\begin{aligned}
S_{it} = {} & \alpha_i + \beta_i t + \sum_j \gamma_{ij} \ln P'_{jt} + \delta_i \ln Q_t + \sum_j \sum_{s=-k}^{k} \varphi_{ij} \times \Delta \ln P'_{jt+s} + \sum_{s=-k}^{k} \phi_s \times \Delta \ln Q_{t+s} \\
& + \varepsilon_{it} \qquad i, j = K, E
\end{aligned}
\tag{6.7}
$$

式中,$\displaystyle\sum_j \sum_{s=-k}^{k} \varphi_{ij} \times \Delta \ln P'_{jt+s}$ 和 $\displaystyle\sum_{s=-k}^{k} \phi_s \times \Delta \ln Q_{t+s}$ 分别为引入的要素价格和总产值前置与滞后的一阶差分变量,s 为变量的前置与滞后期数。本书利用瓦尔德(Wald)检验最终确定变量的滞后期数。

6.2.2 非对称价格响应模型

回弹效应反映的是能源效率改善使得能源实际价格下跌,从而扩大了能源的消耗,确切地说,该效应主要与能源价格的下跌有关。因此,为准确度量回弹效应,模型考虑了价格的非对称性,根据 Dargay[140] 和 Gately[141] 的研究,将能源价格拆分为历史最高价格、累计历史增量、累计历史减量三部分:

$$\ln(P_{e,t}) = \max[\ln(P_{e,t})] + d[\ln(P_{e,t})] + i[\ln(P_{e,t})] \tag{6.8}$$

式中,$\max[\ln(P_{e,t})]$、$d[\ln(P_{e,t})]$、$i[\ln(P_{e,t})]$ 序列由式(6.9)~式(6.11)所得。

$$\max[\ln(P_{e,t})] = \max[\ln(P_{e,1}), \ln(P_{e,2}), \cdots, \ln(P_{e,t})] \tag{6.9}$$

$$d[\ln(P_{e,t})] = \sum_{n=1}^{t} \min(0, \{\max[\ln(P_{e,t-1})] - \ln(P_{e,t-1})\} - \{\max[\ln(P_{e,t})] - \ln(P_{e,t})\})$$

$$(6.10)$$

$$i[\ln(P_{e,t})] = \sum_{n=1}^{t} \max(0, \{\max[\ln(P_{e,t-1})] - \ln(P_{e,t-1})\} - \{\max[\ln(P_{e,t})] - \ln(P_{e,t})\})$$

$$(6.11)$$

要素份额方程中能源价格 $\ln(P_{e,t})$ 则有上述三个分量代替。为规避自由度过度损失造成的影响，本书仅在能源份额方程 S_e 中加入 $\ln(P_{e,t})$ 的分解项。而且根据 Lin 和 Li[71]的研究，$d[\ln(P_{e,t})]$ 和 $i[\ln(P_{e,t})]$ 存在严重的共线性，因此我们最终仅在能源份额方程 S_e 中引入 $d[\ln(P_{e,t})]$ 项。

6.2.3 基于弹性理论的回弹效应测算

Allen 替代弹性（AES）在现有替代弹性研究文献中得到了广泛应用，根据 translog 成本函数，AES_{ij} 可表示为

$$\text{AES}_{ij} = \frac{CC_{ij}}{C_i C_j} = \frac{C(Q,P)}{[\partial C(Q,P)/\partial P_i]\ [\partial C(Q,P)/\partial P_j]} \times \frac{\partial^2 C(Q,P)}{\partial P_i \partial P_j} = \frac{\gamma_{ij} + S_i S_j - S_i \omega_{ij}}{S_i S_j}$$

$$(6.12)$$

$$\omega_{ij} = \begin{cases} 1 & i = j \\ 0 & \text{其他} \end{cases} \qquad (6.13)$$

由式（6.12）可知 AES 具有对称性，即 $\text{AES}_{ij} = \text{AES}_{ji}$，当 $i=j$ 时，其反映的是 AES 自价格弹性。AES 反映的是在给定产出和其他要素价格不变的情况下，单纯由价格 P_j 变化对要素需求 x_i 变化的影响。交叉价格弹性（CPE）可由 AES 和要素成本份额直接得到，具体形式为

$$\text{CPE}_{ij} = \frac{\partial \ln x_i}{\partial \ln P_j} = \text{AES}_{ij} \times S_j \qquad i,j = K, E \qquad (6.14)$$

CPE_{ij} 反映的是要素 i 需求对要素 j 价格的敏感程度，也可以称为绝对替代弹性。若该值大于零则意味着要素间具有替代关系，若该值小于零则说明要素间具有互补关系。当 $i=j$ 时，CPE_{ij} 则反映要素需求对自身价格的敏感程度，CPE_{ee} 即能源回弹效应。

6.3 要素价格数据来源与处理

6.3.1 能源价格

能源价格用 $P_{E,t}$ 来表示。最终能源消费在制造业中主要包括煤炭、石油和电力。因为他们具有不同的热值，所以这三种能源价格并不能直接相比较。本书使用了煤炭、石油和电力的市场价格，并对每种能源乘以热值 ε_i，来构造制造业的能源价格和成本的使用份额，这里 X_i 表示能源消耗的实物量，煤炭、石油和电力的市场价格来源于中国经济(CEIC)数据库。所以能源价格为

$$P_{E,t} = \sum_i \varepsilon_i \times P_{E,t}^i \times \frac{P_i \times X_i}{\sum_i P_i \times X_i} \qquad i \in (\text{煤炭、石油、电力}) \tag{6.15}$$

6.3.2 劳动力价格

劳动力价格用 $P_{L,t}$ 表示。《中国统计年鉴》中可以查到各行业的平均工资，用平均工资来表示劳动力价格。并以 1990 年为基期，采用居民消费价格指数(CPI)对平均工资进行平减。

6.3.3 资本的投入价格

资本的投入价格使用 $P_{K,t}$ 来表示。资本的实际投入价格可以通过公式 $P_{K,t} = r(t) + \delta(t) - \pi(t)$ 计算，这里 $r(t)$ 代表实际利率，$\delta(t)$ 代表折旧率，$\pi(t)$ 代表通货膨胀率。名义利率和通货膨胀率都可以从 CEIC 数据库中获得，折旧率数据是由《中国工业经济统计年鉴》的(累计)资产折旧率和固定资产价值推算得来的。

6.3.4 要素投入份额

至此，我们已经有了所有计算要素投入成本份额的变量。要素投入份额可以被定义为如式(6.16)所示的形式，这里 $S_{K,t}$ 表示资本成本份额，$S_{L,t}$ 表示劳动成本份额，$S_{E,t}$ 表示能源成本份额，K_t、L_t、E_t 和 M_t 分别表示第 t 年资本、劳动、能源和中间投入的投入量。

$$S_{K,t} = \frac{K_t \times P_{K,t}}{K_t \times P_{K,t} + L_t \times P_{L,t} + E_t \times P_{E,t} + M_t}$$

$$S_{L,t} = \frac{L_t \times P_{L,t}}{K_t \times P_{K,t} + L_t \times P_{L,t} + E_t \times P_{E,t} + M_t} \qquad (6.16)$$

$$S_{E,t} = \frac{E_t \times P_{E,t}}{K_t \times P_{K,t} + L_t \times P_{L,t} + E_t \times P_{E,t} + M_t}$$

6.4　模型估计结果

根据 translog 成本函数模型，利用上述数据对制造业的回弹效应进行估计，表 6.1 给出了制造业整体及三种不同要素密集型行业的模型估计结果。

表 6.1　模型估计结果

类别	$d[\ln(P_e)]$	JB 检验	Resid 单位根检验	R^2	D-W
技术密集型	0.1132** (2.1645)	0.4165	I(0)	0.9932	1.7902
劳动密集型	0.1265*** (8.4636)	0.2349	I(0)	0.9863	2.2422
资本密集型	0.0613*** (6.7568)	0.5957	I(0)	0.9567	1.8476
制造业整体	0.0967*** (5.0813)	0.3646	I(0)	0.9783	1.6247

***、**分别表示在 1%、5%显著性水平上显著；括号中的值为相应估计的 t 统计量。

由表 6.1 可以看出，$d[\ln(P_e)]$前的系数均通过了检验；每个方程拟合度均在 95%以上，拟合效果良好；每个方程的 D-W 值均在 2 附近，即意味着残差序列不存在自相关问题；而且各方程的残差均为平稳序列；另外，JB 检验值相对都比较大，无法拒绝正态性假设，保证了上述检验具有意义。以上结果表明得到的回归方程具有一定的可信度。

利用能源回弹效应计算公式，对制造业的能源回弹效应进行估计，表 6.2 给出了不同要素密集型行业及制造业整体的能源回弹效应。

表 6.2　制造业能源回弹效应估计结果

年份	技术密集型	劳动密集型	资本密集型	制造业整体
2000	−0.290	−0.236	−0.504	−0.358
2001	−0.323	−0.278	−0.495	−0.378
2002	−0.323	−0.279	−0.494	−0.378
2003	−0.316	−0.269	−0.500	−0.375
2004	−0.327	−0.288	−0.480	−0.376
2005	−0.294	−0.265	−0.407	−0.330
2006	−0.305	−0.275	−0.424	−0.343
2007	−0.296	−0.267	−0.409	−0.332
2008	−0.253	−0.228	−0.349	−0.283
2009	−0.210	−0.188	−0.296	−0.238
2010	−0.304	−0.273	−0.422	−0.341
2011	−0.215	−0.193	−0.302	−0.243
2012	−0.193	−0.172	−0.275	−0.219
2013	−0.262	−0.237	−0.362	−0.294
2014	−0.262	−0.236	−0.361	−0.293
平均值	−0.278	−0.245	−0.405	−0.319

由表 6.2 可知，制造业在样本研究期间均表现出回弹效应。将表 6.2 的结果用百分数表示，可以看出，制造业整体的平均回弹效应为 31.9%，技术密集型行业的平均回弹效应为 27.8%，劳动密集型行业的平均回弹效应为 24.5%，资本密集型行业的平均回弹效应为 40.5%，证实了回弹效应的存在。通过将本书的测算结果与文献中的结果进行对比，可以看出本书的测算结果与中国工业层面的测算结果相符合，如与国涓等的研究[78]及黄纯灿和胡日东[142]的研究结果相似。因此当中国制造业发生技术进步的时候，能源消费可能会增加，所以节能减排的目标并不能完全依赖技术进步的效果[143]。

6.5　回弹效应产生的原因分析

6.5.1　资本设备更新慢

在制造业中，作为企业固定资产的生产设备并不会在短期内迅速更新换代[71,139,144]，因此能源价格上涨与下降所产生的回弹效应不一致[145]，能源价格下降的弹性要高于上涨的弹性，这一点在中国重工业的经验研究中得到了验证[71]。低价格的能源服务使厂商没有动力进行能源设备效率的改进，相反，这鼓励厂商把更多的资金放到能源使用上来。制造业的厂商对资本价格变动的敏感程度远高于能源价格，因此其宁愿购买廉价但能源效率低下的生产设备，认为即使能耗高也会比购买节能设备更划算。而且，制造业的生产设备长期使用的特点意味着能源效率低下的设备一旦被安装，它们将持续使用很长时间。因此由于资本设备的锁定效应，即使能源价格上涨幅度很大，能源消费都不会减少。

这就意味着多年前购置安装的设备，即使在安装当期能耗水平处在先进行列，但经过多年的使用，在技术飞快发展的今天已经变为低能源效率设备。由于资本设备的锁定效应，没到一定的使用年限，其不会被及时更新。当能源价格降低时，能源的使用量增加很多；但是当能源价格一旦升高，能源的使用量不会减少太多，这是受限于现有设备的能耗技术水平。因此，可以看出持续的技术改造是减少能源消耗及降低回弹效应的重要途径之一。

对生产技术进行持续的技术创新以提高能源效率水平也是生产成本最小化的激励结果。在一定程度上，技术创新对能源效率改进的程度也决定了回弹效应的大小，能源效率水平越高，能源的产出率就越高。例如，鲁成军和周端明在研究技术进步对能源替代弹性的影响时，发现如果没有技术进步，能源的价格自弹性会增加150%[91]。所以，持续地提高能源效率是抑制回弹效应的重要途径之一。本书的实证结果也支持技术创新有助于中国制造业的节能减排的实现，不对称能源价格响应下制造业整体的平均回弹效应为31.9%，技术密集型行业为27.8%，劳动密集型行业为24.5%，资本密集型行业为40.5%，均小于100%。

6.5.2 产业结构重型化

Lin 和 Li 对重工业的回弹效应为74.3%的测算结果[71]说明重工业的回弹效应远高于制造业的整体回弹效应，再结合成本份额和能源强度考虑，重工业的能源成本份额大于制造业，如2012年中国的能源消费中有65%是重工业消费的；而且重工业各部门的能源强度也普遍偏高，其回弹效应必然会大于制造业整体的回弹效应。不同部门技术进步的程度不同，每个行业的能源价格下降的幅度也大不相同。因此，即使制造业产出的总体不变，若制造业不同行业和高能源强度的部门间的产业结构发生变化，回弹效应必然也会发生变化。产业结构轻型化对中国能源效率的提高起到了促进作用[28]；东中西部产业结构不同导致其回弹效应存在差异[75]，河北省的实证结果也表明，由于钢铁、水泥和电力等高能耗行业作为河北省的支柱产业，能源消费回弹效应出现逆反效应[146]。

在 2002 年之后，中国以投资驱动的增长模式为主导并进入重化工工业化发展阶段，产业结构重型化程度高，经济的快速增长必然会引起能源消费迅速增加。因此如果不改变经济增长模式，很难在保持经济增长速度一定的情况下减少能源消费。在国务院发布的《能源发展战略行动计划(2014—2020 年)》中提到，严格控制能源消费过快增长，对高耗能产业和产能过剩行业实行能源消费总量控制强约束。

在供给侧改革的背景下，淘汰高能耗、高排放的落后产业，发展低能耗、无污染的第三产业是实现高质量发展的必要路径。由于早期的政策性产业布局，中国高能耗、高排放的企业具有集群效应，如东北老工业基地。多年来，振兴东北老工业基地始终是中国重要的国家级区域发展战略，但是效果并不理想。例如，2015 年全国 GDP 排名中，东北三省再次垫底，其雾霾问题也没有因为经济的不景气得到丝毫缓解。东北三省的制造业发展状况正是锁定效应的现实版本：固定资产一旦投入运用，一般情况下不到报废是不会退出生产过程。东北老工业基地为中华人民共和国成立以来的现代化建设立下了汗马功劳，但同时也意味着其被锁定的固定资产会比其他地区高。因此，产业结构升级、降低能源密集型产业的比例不仅会降低能源消费量，而且还能够锁定住能源效率改进带来的能源节约。

6.5.3　能源价格非市场化

中国的能源价格形成机制、调控机制不完善，能源价格水平和定价机制都没有完全市场化。首先，大多数的主要能源价格都只包括内部成本，而忽视了外部成本，能源的内部成本和外部成本未能反映在能源价格上。由于政府掌握着重要资源的配置权，并严格控制重要生产要素价格，且环境监管不到位，稀缺生产要素的价值和资源环境的压力大多被隔离在政府层面，经济信号无法正常传递[147]。在"有形之手"操控之下的能源价格，不能及时真实地反映市场供求关系。而能源价格太低，无形中起着鼓励过度消费能源的作用，使能源严重浪费，高耗能行业和高能耗设备的改进替代缺乏经济利益的压力，企业生产经营缺乏降低能耗的切肤之感，不利于促使高能耗行业企业退出市场。其次，能源比价不合理，煤炭价格明显偏低，这一方面导致煤炭行业长期亏损，设备落后，事故频发，企业缺乏自我积累的能力；另一方面，能源市场无形中鼓励企业向价位低、污染大的煤炭能耗倾斜，不利于可持续发展。而且，自 20 世纪 90 年代以来实施以出口为导向的发展战略。为实施这一战略，政府出台了一系列价格管制政策，不仅国内能源相对价格降低，而且也降低了相对于国际市场的国内能源价格。与此同时，长期以来国家对多数生产性企业在能源价格方面实施优惠政策，电价和油价的补贴从更是从多层面鼓励了对这些能源品种的消费[70]。

　　应该加快能源价格市场化进程，使能源价格变动充分反映出相关生产要素的机会成本。中国的要素市场化改革进展缓慢，能源价格并不能体现能源市场的供求状况，因此能源价格扭曲现象仍然比较严重[148,149]。能源价格的市场化对能源消费的影响主要体现在两个方面：一是提高企业内部的能源利用效率，二是改善能源的配置效率[150]。目前中国大多数能源价格都只包括内部成本，而忽视了外部成本，要素市场的价格扭曲促使产业锁定在"粗放型增长模式"上，会增加能源回弹效应。被低估的要素价格使得本应被淘汰的落后产能仍然有利可图，同时企业可以通过增加要素投入来获得利润，抑制了企业进行研发和技术改造投资的动力。当能源效率改进使得能源服务价格下降时，会由于粗放式地增长惯性大幅度地增加能源消费量。林伯强和杜克锐研究发现中国要素市场价格扭曲的能源年损失量为 1.2 亿～1.6 亿吨标准煤，占能源总损失的 24.9%～33.1%[102]。Bentzen 的研究结果表明美国 1949～1999年能源价格自弹性为 47.5%，价格上涨的回弹效应为 52.4%，价格下降的回弹效应为 24%[59]。可以看出，在能源价格市场化的情况下，能源价格的自由上涨有可能抑制能源消费的增长。Cornillie 和 Fankhauser 对苏联和中东欧等经济转型国家的能源效率研究表明，能源价格市场化开放早的国家能源利用效率更高[32]。因此建立以市场为导向的节能政策来替代依靠行政管制为主的节能政策是抑制能源回弹效应的重要改革思路[67,68]。深化资源税和能源价格改革，同时辅之以技术补贴政策，可提高企业自主节能的动力[151]。

6.5.4　能源供给瓶颈

　　能源供给瓶颈的制约。对于制造业厂商来说，在没有外力作用的情况下，生产中能源的基本需求没有被满足之前，能源效率改进很难对能源消费的节约产生显著性的影响，因此直接回弹效应的大小也依赖相关能源服务被满足的程度[71,152,153]。当能源需求由于能源供应瓶颈无法满足时，即使不符合成本最小化要素使用原则，厂商也会调用更多的其他要素投入来生产产品。生产设备的锁定效应又加大了脱离能源瓶颈阶段的难度，一旦能源效率改进，能源供应瓶颈会部分释放，技术进步所节约下来的能源被原本就不足的能源供给所吞没，对能源的需求并不会减少太多。即使能源价格非常高，一旦能源供给有所增加，能源消费也会大幅增加。尤其是对于能源需求未能够全面满足的国家或行业而言，能源供给瓶颈越大，能源需求增加越快[152]，发展中国家要降低能源回弹效应必须要解决能源供给问题[154]。这类似于抑制型通货膨胀，当潜在的需求一旦有机会被释放出来，就会引发大量的能源消费。

由于巨大的能源消费和工业发展阶段的能源使用量持续增加，不断上涨的能源价格和能源供应缺口不会在短时间内消失，尤其是电力供应。国家电网有限公司（简称国家电网）曾预计 2015 年中国的电力供需在山东省及京津唐等地区的局部最大缺口为 1400 万千瓦。Freire-González 提出对于工业化国家，直接回弹效应可能会少于 30%，对于非工业化国家可能会大于 30%[154]。Geoffrey 和 Brenda 发现在高收入人群中能源回弹效应可能会比较低，因为他们原本对能源服务就比较满足，增加能源服务对他们来说吸引力并不大[155]。

缓解能源供给短缺是减少能源回弹效应的可行手段之一。结合《中国制造 2025》的战略目标，单位工业增加值二氧化碳排放量下降幅度比单位工业增加值能耗下降幅度要大得多，这要求在增加能源消费的同时减少二氧化碳排放，因此必定需要改变能源消费结构来实现能源供给的增加。科学合理的方法是加快可再生能源的发展，完善风能、生物质能、太阳能等可再生能源发展的政策体系，尽快让可再生能源加入目前的能源供应体系中，形成稳定可持续的能源供给，在不增加二氧化碳排放的基础上满足日益增长的能源需求。

6.6　本　章　小　结

本章首先分析选择 translog 形式作为生产函数的函数形式，基于成本份额方程推导出 translog 成本函数，并将其作为测算回弹效应的模型。对于能源价格的非对称变动，对原测算模型进行了进一步改进，得到非对称价格变动的能源回弹效应测算模型。经过测算，得到制造业在样本研究期间均表现出回弹效应，制造业整体的平均回弹效应为 31.9%，技术密集型行业为 27.8%，劳动密集型行业为 24.5%，资本密集型行业为 40.5%，证实了回弹效应的存在。分析了回弹效应的四点成因，包括资本设备更新慢、产业结构重型化、能源价格非市场化和能源供给瓶颈。

第7章 中国制造业能源效率影响因素实证分析

7.1 能源效率影响因素模型

现实中，除了本书关注的技术进步之外，众多因素都将影响制造业的能源效率，鉴于此，将技术进步作为核心解释变量，企业规模[45,46,156]、对外开放[40,44,157]、能源消费结构[16,19]、资本深化程度[57,158]及能源价格[31,33]作为控制变量，参照范如国和罗明[29]的研究，本书建立如下估计模型来评估技术进步对能源效率的影响：

$$\text{TE} = A(\text{PE})^{\alpha_{i,2}} \exp(\alpha_{i,3}\text{CS} + \alpha_{i,4}\text{Open} + \alpha_{i,5}\text{ID} + \alpha_{i,6}\text{KL}) + \mu \tag{7.1}$$

式中，A 为技术进步，其具体形式可表示为 $A = \exp(C_i + \alpha_{i,1}\text{RD})$，$i$ 为第 i 个行业，RD 为研究经费占 GDP 的比重，反映技术进步；ID 为企业规模；Open 为对外开放；CS 为能源消费结构；KL 为资本深化程度；PE 为能源价格；μ 为残差项。

将式(7.1)两边取对数可得出如下面板数据回归模型：

$$\ln \text{TE}_{i,t} = C_i + \alpha_{i,1}\text{RD}_{i,t} + \alpha_{i,2}\ln \text{PE}_{i,t} + \alpha_{i,3}\text{CS}_{i,t} + \alpha_{i,4}\text{Open}_{i,t} + \alpha_{i,5}\text{ID}_{i,t} + \alpha_{i,6}\text{KL}_{i,t} + \mu_{i,t}$$
$$\tag{7.2}$$

对于不同类别行业，各影响因素对能源效率的作用可能会有所区别，因此本书对三种不同要素密集型行业及制造业整体分别进行研究分析，通过对模型的判别建立合适的模型。对于混合回归模型和个体固定效应模型的判别，本书采用常用的 F 统计量进行检验：

$$F = \frac{(\text{SSE}_r - \text{SSE}_u) / [(NT - k - 1) - (NT - N - k)]}{\text{SSE}_u / (NT - N - k)} = \frac{(\text{SSE}_r - \text{SSE}_u) / (N - 1)}{\text{SSE}_u / (NT - N - k)}$$
$$\tag{7.3}$$

式中，SSE_r 为混合回归模型的残差平方和；SSE_u 为个体固定模型的残差平方和；k 为解释变量的个数；N 为样本容量；T 为年数。以 0.05 显著性水平为例，若 $F > F_{0.05}(N-1, NT-N-1)$，则表明拒绝混合回归模型的假设，应该选择个体固定效应回归模型。接着对于个体固定效应模型和个体随机效应模型进行判别，利用 Hausman 统计量进行了检验。原假设为个体效应，与回归变量无关，如果 P 值小于给定的显著性水平，则说明建立个体固定效应模型比较合理。经检验，三种不同要素密集型行业及制造业整体均应建立面板数据的个体固定效应模型：

$$\ln TE_{j(i),t} = C_{i,j} + \alpha_{j,1}RD_{j(i),t} + \alpha_{j,2}\ln PE_{j(i),t} + \alpha_{j,3}CS_{j(i),t} + \alpha_{j,4}Open_{j(i),t}$$
$$+ \alpha_{j,5}ID_{j(i),t} + \alpha_{j,6}KL_{j(i),t} + \mu_{j(i),t}$$

$$(7.4)$$

式中，j 取 1~4，分别对应劳动、资本、技术密集型行业及制造业整体四种研究对象。需要说明的是，这里 $j(i)$ 表示第 j 类研究对象所包含的第 i 个细分行业。

7.2　数 据 处 理

各指标具体衡量标准如下：技术进步用研究经费占 GDP 的比重（RD）来反映；能源消费结构用煤炭占总能源消费的比重来衡量；对外开放用行业出口交货值与行业主营业务收入之比衡量；企业规模用各行业工业总产值与企业单位数之比衡量；资本深化程度用资本存量与劳动人数的比值衡量；对于能源价格，制造业最终能源消费主要包括煤炭、石油和电力，三种能源的价格采用 CEIC 数据库中的数据，并以 1990 年为基年进行平减，然后按照三种能源的消费份额加权得到能源价格 PE。具体公式如下：

$$PE = \sum_i \frac{PE_{j,t}}{\eta_j} \times \frac{PE_{j,t} \times q_{j,t}}{\sum_j PE_{j,t} \times q_{j,t}} \qquad j \in (煤炭、石油、电力) \quad (7.5)$$

式中，$PE_{j,t}$ 和 $q_{j,t}$ 分别为 j 类能源的价格和消费量；η_j 为 j 类能源对应的折算系数。各相应指标数据可从《中国统计年鉴》《中国工业年鉴》和《中国能源统计年鉴》中获得。

7.3　回归结果分析

利用 7.2 节中处理的数据分别对制造业整体和三种不同要素密集型行业固定效应模型中的相关系数进行估计，表 7.1 为相应系数的估计结果。$\alpha_{j,1}$、$\alpha_{j,2}$、$\alpha_{j,3}$、$\alpha_{j,4}$、$\alpha_{j,5}$、$\alpha_{j,6}$ 分别表示技术进步、能源价格、能源消费结构、对外开放、企业规模和资本深化程度的影响系数。

表 7.1　能源效率影响因素回归结果

系数	劳动密集型 ($j=1$)	资本密集型 ($j=2$)	技术密集型 ($j=3$)	制造业整体 ($j=4$)
$\alpha_{j,1}$	4.7194* (1.7345)	5.8989 (1.5991)	−1.9622* (−1.6142)	0.9760 (0.6163)
$\alpha_{j,2}$	0.4691*** (7.3110)	0.7274*** (12.2398)	0.6745*** (12.8586)	0.6855*** (20.5135)
$\alpha_{j,3}$	−0.3242*** (−2.6943)	−1.2902*** (−9.8750)	−0.3904*** (−3.2300)	−0.7459*** (−10.1498)
$\alpha_{j,4}$	−0.6820*** (−9.0062)	−0.3971 (−1.3003)	−0.0292 (−0.2662)	−0.4914*** (−7.7627)
$\alpha_{j,5}$	−0.0487** (−2.0937)	0.0173*** (10.1189)	−0.0025 (−0.6076)	0.0128*** (8.5455)
$\alpha_{j,6}$	0.0628*** (6.8587)	0.0255*** (5.6497)	0.0392*** (6.6736)	0.0331*** (10.6278)
R^2	0.9487	0.9783	0.9879	0.9716

***、**、* 分别表示在 1%、5%、10%显著性水平上显著；括号中的值为相应估计的 t 统计量。

7.3.1　能源消费结构

能源消费结构对能源效率无论从制造业整体还是从不同要素密集型行业来看都具有负向影响，即意味着在不考虑其他因素变动时，能源效率将会随着煤炭消费比重的不断增加而呈现出逐渐减小的趋势，这一结论符合相关理论的预期，同时也与姜磊和季民河的研究结论一致[21]。具体来说，能源消费结构对资本密集型行业的能源效率的影响作用最大，影响系数为−1.2902，而对劳动密集型行业的影响最小，影响系数仅为−0.3242，其对制造业整体的影响系数为−0.7459。相对其他形式的能源，往往将更多的煤炭投入附加值较低的行业，而这类行业具有经济效益较低的特点，从而降低了能源效率。由此可见，在总能源投入不变的条件下，煤炭消费量越大，表现出的能源效率越低。目前，在中国蓬勃发展的环境下，生产过程中对能源的使用也日渐增多，虽然社会的发展为人们带了更多的物质财富，但是煤炭的大量消费使得环境问题进一步恶化，严重影响了人们的生活质量。因此当地政府应积极提高能源效率，加快可再生能源的投入使用，加速经济结构调整，提高人们的幸福指数。

7.3.2　技术进步

技术进步对能源效率的作用关系较为复杂，就制造业整体而言，在样本期内技术进步对能源效率不具有显著影响。就不同要素密集型行业来说，技术进步对能源效率的影响具有明显的差别，其中技术进步对资本密集型行业的能源效率影响不显著，而对另外两种类型行业的能源效率作用明显，但该因素对技术密集型行业能源效率的影响系数为-1.9622，数值为负，表明技术进步对其能源效率提高起到抑制作用。劳动密集型行业模型中技术进步变量前的影响系数为4.7194，为正值，表明技术进步有利于劳动密集型行业能源效率的改善。一般来说，技术进步可以改善生产设备，增加要素的产出能力，优化资源配置，因此技术进步对能源效率理应表现出正向作用，但是本书的估计结果却表现出技术进步对制造业整体能源效率作用不显著，甚至对技术密集型行业表现出抑制作用，众多学者将这一与理论有出入的结果归结于可能存在能源回弹效应的影响。因此，需要在考虑回弹效应的情形下进一步研究技术进步对能源效率的作用。

7.3.3 能源价格

无论从制造业整体还是从不同要素密集型行业来看，能源价格对能源效率的影响均较显著，且都具有正向作用。即使在保证其他因素不发生变化的前提下，如果能源价格表现出向上变动的趋势，那么能源效率也将随之有所提高。就资本密集型行业而言，能源价格对其能源效率的影响相对于其他类型行业最大，其影响系数为0.7274，而对劳动密集型行业来说能源价格对其能源效率影响作用最小，影响系数为0.4691。能源价格对技术密集型行业和制造业整体的能源效率的影响程度较为接近，均为0.68左右。该因素对能源效率的作用关系基本符合袁晓玲等的研究成果[35]，能源价格的改革确实能对能源效率问题发挥重要作用。能源价格的提高加大了能源的使用成本，使得人们在使用这一生产要素时不再那么盲目，而需要认真考虑其所贡献的产出和所带来的成本之间的关系，迫使人们提高能源的利用效率或者促使其他投入要素对能源的替代，致使人们对能源的使用有所节制，从而改善能源效率。

7.3.4 对外开放

从表 7.1 中的估计结果可以看出，对外开放对资本密集型行业和技术密集型行业的作用不显著，但对劳动密集型行业和制造业整体具有显著影响，但仅从影响系数来看，对外开放对各要素密集型行业及制造业整体能源效率的作用系数均为负值。就制造业整体而言，对外开放对能源效率的影响系数为-0.4914，表现出负相关，意味着对外开放抑制了能源效率的提高，这一结论与曲晨瑶等的研究结论一致[44]，这也证明了对制造业而言存在对外开放陷阱。因此，政府在享受对外开放所带来的经济利润的同时，还要处理好对外开放造成的负面影响，合理地利用对外开放这把双刃剑，使其向有利的方向发展。就制造业而言，政府在加快其走出国门的同时，还要注重提高其产品的科技内涵，加大对制造业技术进步的扶持力度，提高能源效率，使其能够在众多商品中展露其优势。同时，为防止对外开放对制造业产品市场造成恶性竞争进而影响能源效率，政府还应对产品市场加强监督管理。

7.3.5　企业规模

由表 7.1 可知，除了技术密集型行业外，企业规模对能源效率均具有显著影响，但是作用方向不一致，其中对资本密集型行业的能源效率具有正向作用，而对劳动密集型行业表现出负向影响。这主要是因为虽然劳动密集行业想要随着生产规模的扩大而产生一定的规模效应，但是随着规模的扩大特别是劳动人数的快速增长，该行业必然需要一套与之相匹配的新的管理体系，这种新旧体系的更替需要一定的时间进行交接，而且新的管理方式需要一定的适应期才能发挥其作用，同时就劳动密集型行业而言，技术水平在短期内也很难发生很大的提升。总而言之，企业内部的经营管理及技术创新普遍存在滞后现象，未能与企业规模同步提升，致使能源产生无谓的损失，影响能源效率，从而使劳动密集型行业未能实现能源效率随着企业规模的扩大而有所提高。但从制造业整体来看，该因素对能源效率表现出了积极作用，即随着企业规模的扩大，能源效率也将得到一定程度的改善，这与马爱文的研究结论一致[48]。因此，为了更好地发挥企业的规模经济优势，提高制造业的能源效率，在扩大企业规模的同时，还要注重相应技术水平的及时跟进及管理制度的进一步完善。

7.3.6　资本深化程度

由表 7.1 中的系数 $\alpha_{j,6}$ 可知，资本深化程度对制造业整体及不同要素密集型行业的能源效率均具有正向影响。这也说明资本深化程度对能源效率产生的"溢出效应"大于其造成的"挤出效应"，资本深化程度整体上对能源效率表现出了促进作用，这一结论与郑超愚的研究结论一致[51]。资本深化程度对三种不同要素密集型行业的能源效率的影响程度区别不是很大，其中对劳动密集型行业的作用相对较为明显。庞大的劳动人数是劳动密集型行业的典型特点，而资本深化程度常以人均资本存量来衡量，因此众多的劳动人数使得劳动密集型行业的资本深化程度处于相对较低的水平，远没有达到适当的程度，从而资本深化程度对劳动密集型行业表现出较为明显的作用。同时，该因素对其他类型行业的能源效率或多或少都具有促进作用，因此可以考虑通过适当加深资本深化程度来提高能源效率。

7.4　稳健性检验

考虑到估计结果的稳健性，本书使用数据包络分析-样本选择模型(DEA-Tobit)方法重新进行参数估计。借鉴王秋彬的研究方法[12]，改用 DEA 方法测算有效的目标能源投入量并计算出全要素能源效率 TFEE，以此来表示2000～2014 年中国制造业各行业的能源效率。同时运用 Tobit 模型，估计制造业总体、劳动密集型行业、资本密集型行业和技术密集型行业产业集聚与能源效率之间的线性关联，估计结果见表 7.2。

表 7.2　稳健性检验结果

系数	劳动密集型	资本密集型	技术密集型	制造业整体
$\alpha_{j,1}$	4.5256	6.9326	−1.2947	0.57444
P 值	0.0000	0.0008	0.0374	0.0058
$\alpha_{j,2}$	0.1542	0.1619	0.1840	0.1519
P 值	0.0000	0.0000	0.0000	0.0000
$\alpha_{j,3}$	−0.3069	−0.0501	−0.0554	−0.1144
P 值	0.0351	0.0000	0.0000	0.0065
$\alpha_{j,4}$	−0.0537	−0.4085	−0.8454	−0.1692
P 值	0.0000	0.0028	0.0000	0.1137
$\alpha_{j,5}$	−0.0066	0.0417	−0.0451	0.0211
P 值	0.2512	0.0000	0.0009	0.0000
$\alpha_{j,6}$	0.0008	0.0297	0.0295	0.0200
P 值	0.0050	0.0000	0.0152	0.0000
Wald	100.68***	131.07***	121.03**	98.77***
样本量	165	150	105	420

***、** 分别表示在 1%、5%显著性水平上显著；Wald 表示伍尔德统计量。

由表 7.2 的稳健性检验结果可以看出，本书所研究的技术进步、企业规模、对外开放、能源消费结构、资本深化程度、能源价格影响因素在不同要素密集型行业和制造业总体中的系数符号并未发生改变且结果较显著，说明原计量模型稳健。

7.5　引入回弹效应情形下的结果分析

表 6.2 证明了制造业存在回弹效应，因此本书通过将回弹效应作为一影响因素引入回归模型中，实现了与技术进步的分离，在此情形下重新审视技术进步对制造业及其不同要素密集型行业能源效率的影响，并与最初情形进行对比分析，其结果对比见表 7.3。

表 7.3　情形（Ⅰ）和情形（Ⅱ）结果对比

类别	劳动密集型	资本密集型	技术密集型	制造业整体
情形（Ⅰ）	4.7194* (1.7345)	5.8989 (1.5991)	−1.9622* (−1.6142)	0.9760 (0.6163)
情形（Ⅱ）	5.6489** (2.3472)	3.1569*** (4.3246)	1.3649* (1.8616)	2.8679** (2.9653)

***、**、* 分别表示在 1%、5%、10%显著性水平上显著。

情形（Ⅰ）和情形（Ⅱ）分别对应模型中不引入回弹效应和引入回弹效应的两种情形。对比两种情形可以发现，就劳动密集型行业而言，在两种情形下技术进步均对能源效率表现出显著的正向作用。就资本密集型行业而言，在情形（Ⅰ）下，技术进步对能源效率的作用不明显，而在情形（Ⅱ）下，技术进步与能源效率具有显著的正相关关系。对于技术密集型行业而言，对比两种情形可以发现技术进步对能源效率的影响发生了较大的变化，由情形（Ⅰ）下的抑制作用转变为了情形（Ⅱ）下的促进作用。就制造业整体而言，最初估计结果表明技术进步对能源效率不具有显著影响，而在分离回弹效应影响的情形下，技术进步对其能源效率具有显著的促进作用。这也证明了技术进步确实能够对能源效率产生积极作用，该因素在情形（Ⅰ）下对能源效率的影响表现出的不显著甚至抑制作用确实是受到回弹效应的影响，回弹效应的存在弱化了技术进步对能源效率的作用程度，因此不能单纯依靠技术进步来解决能源效率问题，还要充分利用能源价格市场化、限制能源回弹效应等其他调节手段。

从情形（Ⅱ）的估计结果可以看出，虽然技术进步对能源效率均表现出正向作用，但对不同类型行业，其显示的影响系数具有较大的区别。其中，技术进步对劳动密集型行业的影响系数最大，为 5.6489，即相对于其他要素密集型行业，技术进步对该类别行业的能源效率影响最大。因为劳动密集型行业主要依靠劳动力，而技术水平相对薄弱，技术因素还未得到充分发挥，因此技术进步对能源效率的边际影响处于较大的发展阶段，这也说明了目前劳动密集型行业亟须加快技术进步，向技术密集型行业靠拢。而对于技术密集型行业，技术进步对该类别行业的能源效率作用相对较小，这主要是因为技术密集型行业的技术水平相对其他行业已经处于较高水平，相对其他行业其提升空间较小。对于资本密集型行业，其集中了大多高能耗产业，其能源消费处于较高水平，同时能源损耗也较为严重，能源效率处于较低水平，而技术进步可以提供高效的生产设备和管理体制进而提高能源效率，因此，技术进步对资本密集型行业的能源效率也具有较高的促进作用。

7.6　本章小结

本章从影响能源效率的众多因素中选出了六种对制造业的能源效率有重要影响的因素，通过建立计量模型，分析了这六种因素对制造业整体及劳动、资本、技术三种要素密集型行业的能源效率的作用关系，其中发现技术进步未能对能源效率产生预期的促进效果。在考虑分离出回弹效应影响的情形下，进一步分析了技术进步对能源效率的影响，并与最初情形进行了对比分析。得出的结论是：技术进步是促进能源效率提高的重要因素，但是回弹效应的存在，使不同要素密集型行业均在不同程度上掩盖了技术进步对能源效率的影响作用。

第 8 章　相关政策建议

8.1　宏观层面对策

8.1.1　调整能源供给结构

调整能源结构是改变能源的供给结构，在中国能源供给要素禀赋的基础上，增加新能源的比重，以缓解能源供给瓶颈。可以分以下两个部分进行阐述。

1. 调整能源结构

对煤炭能源，要依托煤炭资源调整煤炭内部结构。中国煤炭资源最为丰富，可以满足中国长期发展的需求，石油天然气资源量虽有一定规模，但难以满足中国长期发展的需要，所以今后很长一段时间中国能源发展仍应以煤炭为主。目前煤炭在中国能源结构中所占的比重已由 1980 年的 72.7%下降到了 2014 年的 66%①。根据张丽峰[159]的研究，未来 50 年内，中国的煤炭需求占能源消费总量的比重虽然有所降低，但仍会保持在 55%以上。可见，以煤炭为主的能源消费格局短时间内不可能有根本性的改变。为了达到既要经济快速增长，又要保护环境的要求，还要充分利用中国能源资源的优势，我们应当着重在煤炭生产、加工和利用上做文章，调整其内部结构，重点是提高原煤的入洗比例，减少原煤直接燃烧的数量，增加煤炭用于发电、制气等二次能源生产的数量，加快对洁净煤技术和煤转化技术的研究和应用，以减少环境污染和减轻运输压力。其最终目标是通过煤炭利用结构调整，提高能源利用的经济效益，最大限度地减轻环境污染，增强能源自给能力，使经济与环境保持协调、可持续发展。

对天然气能源，加大开发利用天然气的力度。在实行"以煤为主、多元发展"方针的同时，要努力优化、调整中国制造业的能源结构。根据对中国能源资源潜力的分析，提高天然气在中国能源结构中所占的比重有相当大的潜力。因为中国天然气资源丰富，但资源探明率低，所以其具有很大的开发

---

① 《中国统计年鉴 2015》表 9-2，其中 1990 年最高为 76.2%。

潜力，此外，中国还有丰富的煤层气资源，加大天然气和煤层气开发对改善能源结构、减少环境污染具有重要意义。世界上几乎所有的产油国近年来在天然气的开发上都有显著性突破。目前中国天然气生产发展缓慢的主要原因已不是资源限制，而是现行部门分割的机制阻碍了天然气尽快进入市场。如果能打破这种市场阻碍，加快天然气开采利用的速度，就可以缓解煤炭的压力，同时又可以改善中国的能源结构，减少环境污染。可以从以下四点入手：第一，全方位开放天然气市场。对内打破垄断局面，鼓励各地方各部门开发天然气，包括经营下游加工、销售、分配系统以形成有宏观调控的、竞争的油气开发、加工、销售新体制。对外鼓励国际资本来中国参与天然气的勘探、开发、加工和销售。第二，改变目前天然气行业上下游分离的状况。从国际经验来看，从天然气的资金积累与筹集、承担勘探开发风险、增强天然气公司竞争能力等方面考虑，天然气从勘探到销售都是上下游共同经营的。而在中国，将天然气的供应产业链人为地分为石油天然气开发和炼制销售不同环节，分别由不同公司承担供应链上的某一段业务。这样做的后果是，一方面造成了勘探资金投入短缺，另一方面也造成了中国石油炼制行业效率低下，产品质量差、品种少，只满足于经济利润高的表面状态。第三，为较大规模进口石油、天然气产品做好准备，包括建立石油储备体制。第四，将天然气的开发作为今后能源开发的重点，集中力量抓好几个重点天然气项目的建设，解决天然气进入市场的相关政策和体制问题。

　　对水能，要积极开发水电资源。中国水电开发缓慢的主要原因在于成本上水电投资大约为火电投资的 2 倍左右，工期长，并且在资源分布上，西南地区分布较多，离人口密集区太远，存在长距离输电问题。可以看到，水资源晚开发一年就白白浪费一年，早开发一年就可以早得益一年。水电建设费用虽高，但运行费用低，而且可再生、无污染，应给予优先考虑，尽快开发。从地区综合考虑也可以发现水电的巨大优势，如西南攀枝花钛资源丰富，而钛提取主要靠电，用水电提取钛，在价格上有很强的竞争优势。同时，水电也可补充西南地区化石能源储量的不足。

　　对新能源，要从战略上高度扶持新能源。中国太阳能、风能等可再生能源十分丰富，潜力巨大。虽然目前来看，新能源和可再生能源的开发成本高、市场前景小、缺乏竞争力。但在不久的将来，随着人们对环境质量的要求越来越高，环境的承受能力有限，人们会越来越青睐于新能源和可再生能源。所以，目前应从战略高度上重视新能源、扶持新能源，为顺利进入能源市场做好前期准备工作。中国发展新能源的指导思想应该是以市场为导向、以技术进步为支撑，加强宏观引导，培育和规范市场，逐步实现企业规模化、产品标准化、技术国产化、市场规范化，推动新能源和可再生能源产业上一个新台阶。具体措施有以下四点：第一，研究制定鼓励新能源的开发和应用政策。研究制定新能源和可再生能源税收优惠政策和发电上网的鼓励政策，通过有效的政策激励，拉动市场的有效需求。第二，推动技术进步，提高技术和装备水平。加快科技开发，推动建立以企业为主体的技术创新体系，鼓励企业与院校、科研单位实行产学研联合，加速科研成果的转化及产业化组织重大技术示范，通过宏观调控和市场引导，提高技术装备的国产化水平和设备制造能力。第三，积极培育和规范市场。加快新能源和可再生能源标准体系建设。继续组织制定和修订有关产品的国家标准，包括产品性能、试验方法和能效标准及系统的安装、设计等国家标准。建立新能源和可再生能源质量保证体系。逐步建立产品质量检测中心和质量控制体系。第四，基于中国的实际情况，积极开展国际交流与合作。积极利用全球环境基金、世界银行、联合国开发计划署和亚洲开发银行等国际组织和有关国家政府的资金和技术，加快新能源和可再生能源产业化发展。

2. 增加能源供给

增加能源供给要增加投入，加大石油和天然气的勘探力度。从石油角度来看，中国石油严重短缺，已经成为国民经济发展的瓶颈，后备资源不足与勘探开发投资不足是影响石油供给的主要原因。要加大石油勘探力度，必须增加开采业的投资，同时积极参与国际石油、天然气资源的勘探开发，补充国内石油、天然气资源的不足。从目前预测的总资源量来看，应该加强对石油、天然气的地质勘探，提高探明率，增加可采储量。加大国内勘探开发力度，努力降低对外依存度。必须以立足国内，面向国际，鼓励节约和替代，促进能源结构合理化发展为总原则，制定新的能源发展战略。从天然气角度来看，加大天然气资源的勘探力度，增加探明储量和天然气产量，同时加大输送管网建设。目前中国的天然气资源探明率很低，只有 22%[①]。因此要加大勘探力度，加强天然气开发、天然气管道基础设施建设，提高其产量和可使用量，真正实现"增储上产"。世界能源专家认为 21 世纪是天然气的世纪，但是，中国能源储量和开采能力决定了清洁能源还不能替代煤炭成为主体能源。但是清洁能源供给的增长速度略快于整个能源供给的增长速度。

---

① 数据来源于柴静 2015 年发布的环保调查报告《穹顶之下》。

　　而且，还应该注重对清洁能源或可再生能源的利用，加大对新能源的研发和利用。中国具有辽阔的国土面积，具备利用风能、太阳能、地热等形式能源的良好条件，虽然水力发电和风力发电等一些利用可再生能源的措施得到了实施，但整体来看这些能源远没有得到充分利用，而且这些能源的利用效率处于很低的水平，同时对这些能源的利用也需要投入较高的成本。因此，企业可以通过技术手段提高可再生能源的利用率，利用技术进步降低基础设施的投入成本，提高能源效率。同时，政府还应积极引导企业内部技术的创新，给予其积极创新行业税收等政策方面的扶持，提高研发人员的福利待遇，加强知识产权保护，保证良好的研发环境，从而鼓励技术创新。

　　加大基础性勘探投入，设立风险基金；加大基础性勘探投入，完善商业性勘察投资体制；加强能源资源勘探，提高能源资源，特别是优质能源资源的后备保障程度。20 世纪 90 年代以后，随着经济体制的变化，能源资源勘探投资体制也发生了变化，国家对能源资源远景调查和战略选区方面的工作力度在一定程度上有所下降，而煤炭行业整体尚未摆脱困境，无力解决资源勘探开发资金，煤炭地质工作基本处于停滞状态，石油公司也不再承担基础性的油气普查工作，导致中国油气接替资源和接替区块严重不足。应加大对国内煤炭、油气资源的勘探力度，加大公益性勘察投入，完善商业性勘察投资体制，努力提高煤炭资源的勘探程度，增加后备储量。

8.1.2　深化能源价格改革

　　本书的研究结果表明，对于制造业整体及不同要素密集型行业来说，能源价格对能源效率均表现出了积极影响，而且技术进步引的能源回弹效应也主要是因为能源实际价格的下降，降低了能源的使用成本，增加了能源消耗，对能源效率的提高产生了抑制作用。因此，弱化能源回弹效应可以提高制造业的能源效率，而深化能源价格改革是弱化能源回弹效应的一个重要切入点。目前，中国能源价格相对较低，近年来中国能源价格机制虽有改革，但进程缓慢，因此政府仍需坚持能源价格机制改革的市场化导向，使能源价格在一定程度上能够反映资源的稀缺性，从而使资源能够达到合理有效的配置。而且，行业投入要素之间或多或少都存在着替代效应，因此，适当调节能源价格可以促进其他投入要素对能源的替代，从而减少能源的使用。

　　稳步推进能源价格市场化改革，逐渐放松政府的行政管制。在能源价格改革中，要正确处理市场机制与政府规制的关系，坚持以市场化改革为主导方向，更大程度地发挥市场配置资源的决定性作用，有步骤地建立以市场定价为主的能源价格形成机制，同时为确保对能源领域垄断势力的宏观调控，需要完善对公益性价格的管理和引导，并在市场失灵时，有效发挥政府在能源消费推广方面的普遍服务作用[160]。能源价格改革应当采取主动措施，而且不是一蹴而就的行为。由于能源价格改革是一场涉及国企改革与民生问题的复杂工程，价格波动的程度决定了资源配置的福利效应，在逐步放松价格干预程度的基础上，应积极主动地灵活调整价格决定机制，使价格能够真正反映市场资源的稀缺程度，提高资源配置效率，以适应不断变化的市场供需环境，而且由于煤炭、石油和电力的市场化改革进度不一致，还需要针对具体情况，不能执行统一的时间表，以达到最终提高能源生产与消费的社会总福利。此外，在经济全球化的背景下，还需重点防范国际能源价格剧烈波动对国内能源价格的冲击，确保国家能源安全。

公开透明的定价机制。由于能源产业关乎国家经济安全和气候变化，中国当前的能源价格需要提高定价机制的透明度。能源价格改革的核心问题是，要让生产者与消费者明确能源价格是如何制定的，以及价格定价机制变迁的历程。定价机制的透明，是实现能源市场自由化的基石，也是能源价格市场化最有力的保障，将定价制度和调整机制公开，并接受市场的监督和考验是确保能源价格市场化改革效果的重要手段。

引入能源税等行政手段使能源价格反映外部成本。能源税是能源价格市场化很好的补充。通过税收政策反映出能源排放带来的外部效应，能够倒逼企业采取节能技术，这是能源价格市场化改革中没有包含的部分。但需要认清征收能源税是为了使企业使用能源时考虑能源的外部成本而不是为了增加政府的财政收入，所以税收比率制定的依据是能源消费的外部成本。通过征收能源税可以提高能源的使用成本，抵消一部分能源效率提高所引起的成本下降，削弱能源的需求刚性，有利于能源需求和供给向均衡状态发展。

制定节能政策和能源价格政策应该考虑能源回弹效应。虽然提高能源价格是限制能源回弹效应的一个有效方法，但是一味地提高能源价格会使厂商将其部分成本转移给消费者，对中国经济产生负面影响，影响社会的稳定性。因此不能单纯地靠提高能源价格，还需要结合产业结构调整、税收补贴等辅助手段，刺激能源行业进行技术创新，改善产业结构等，最大限度地实现预期节能目标，限制能源回弹，从而提高能源效率。首先，不应该在相关政策设计中忽略能源回弹效应的重要影响，在制定节能减排目标和进行相应的政策选择及能源价格调整时，若能将潜在的能源回弹效应充分考虑在内，则可以做出更加合理有效的政策设计和制度安排。其次，在考虑能源回弹效应的基础上，把能源价格的不对称影响考虑进去可以进一步提升政策的有效性。

此外，由于能源价格改革涉及能源生产和消费两个层面的社会参与者的切身利益，能源价格改革应摈弃一些误区，真正使能源价格改革得到国有垄断企业、民众的理解与支持。在能源价格改革的实际操作过程中，应特别注意以下两方面的问题：第一，能源价格改革不等于变相涨价、应抑制能源投机行为。长期以来，中国能源价格实施严格的政府管制，使得部分能源产品价格呈现刚性，当政府放松能源价格规制时，就有可能会出现能源价格上涨的情况，当然，现实生活中很多的能源产品接近于生活必需品，需求价格弹性很小，涨价对消费端能源的需求变化影响很小。另外，当能源价格放松管制之后，还必须要能够抑制能源投机行为，所以需要研究能源期货和交易的监管。第二，能源价格改革应持续推进，且需兼顾各利益相关者的利益问题。政府和民众应当充分认识到能源价格改革的必要性和紧迫性，从短期来看，能源价格改革确实可能会导致一般价格总水平的上涨，能源价格改革不应因为物价上涨而停滞，能源改革政策的长期效应更有助于形成合理透明的市场定价机制，如果政策效应得到稳定发挥，那么能源价格改革就不会对长期的物价总水平造成太大的影响，这对理顺能源产品价格、节能环保都具有重要意义。在大力推进能源价格改革过程中，应兼顾生产者、经营者、消费者及上下游产业的利益，尤其是确保低收入群体的能源消费水平，并适当以财政补贴的形式确保部分地区民生问题免受改革引起价格上涨而导致福利受损的影响，这是实现资源节约型、环境友好型和谐社会的重要基础，也是能源价格改革的最终目标。

8.2　产业层面对策

8.2.1　推进产业结构调整

鼓励产业结构调整，淘汰落后产能。从发达国家的经验来看，淘汰落后产能应采取市场和政府干预相结合的方式，具体哪个手段用得更多一些与国家的市场经济发展水平、产业发展需要等密切相关。同一个国家在不同时期、不同阶段所需要的手段是不一样的[161]。"十一五"和"十二五"期间，中国存在着政策执行不到位、落后产能执法不严、标准不清等问题。"十三五"期间，政府应加大法律法规完善和执行的力度，使得淘汰落后产能有法可依、有法必依、执法必严。政府应该修订、完善产业结构调整指导目录，完善产业进入和退出政策，从技术、工艺、能耗、水耗、安全性方面制定和完善落后产能标准，并结合各具体行业、具体工艺特点确定设备规模指标，严格执行行业标准，提高行业门槛，并使之法律化、制度化，使得法律法规的约束作用和技术标准的门槛作用发挥得更充分。此外，中国市场经济体制不完善，市场存在着失灵和外部性问题；城乡之间、东西部地区之间及高收入、低收入之间存在着二元分割，市场需求多元化，在农村地区和欠发达地区廉价产品比先进产能产品具有更强的竞争力，所以解决落后产能问题还应采取必要的经济和行政手段，强化约束和激励手段，更好地弥补市场机制的不足。

配套政策保障产业结构调整顺利平稳地进行。中国是一个人口大国，一些高能耗、高排放的落后产业吸纳了大量的劳动力，一旦他们被淘汰，那么所吸纳的劳动力就会被释放到未就业人口中，大量的未就业人口对政府的信誉和社会的稳定都有巨大的不利影响。例如，山西一些"钢城"，80%左右的家庭靠产能过剩的钢铁行业养家，如果直接淘汰这些产能过剩的企业，就会对这些城市的经济造成巨大影响，导致社会不稳定。所以在淘汰产能过剩的钢铁行业时，需要配套再就业、社会保险关系接续和转移、城市再开发等政策。

产业政策在产业结构调整方面也相当重要。这是因为在市场经济条件下存在市场失效的可能性，但产业政策是单纯由政府推动并组织实施还是由政府推动但由市场机制来组织实施，取决于政府在产业政策中的地位和作用。而政府失灵的可能性决定了这种地位和作用是有限的，其衡量标准是由政府还是由市场机制来克服产业结构矛盾，取决于其成本和效益的对比关系。中国经济发展实践证实，中国经济是由计划经济体制过度而来，产业政策制定，实行的成本、效率及可行性均令人担忧，而公共品产业领域、社会先行资本投资领域、长期信息不对称领域使得产业政策具有干预空间。因此，中国产业政策本身应是政府调节与市场调节相结合并不断深化的结果，是市场经济成熟进程的产物，政府行为也应积极顺应中国经济体制转轨的需要，加快由原来的计划命令型向政府主导型市场经济发展模式的转变，更多地利用间接的市场化手段[162]。

运用政策导向，使用技术进步的方式进行产业结构升级从而改变产业结构。产业结构的升级换代是以新技术的广泛应用和主导产业的核心地位的确立为标志的。借鉴世界各国工业化进程中具有普遍性的主导产业的时期，充分考虑其产业水平、产业政策、需求结构、资产结构乃至制度结构的相互影响，从中国国情出发，将高新技术发展重点放在改造、提升传统产业上，以技术高度化去引导最终的产业高度化，积累必要的能量和资本。在具体的指导方针上应该是工业化、信息化、知识化并举，在实行高层次的进口替代的基础上注重自主创新，促进技术改造、产业结构调整和升级。自主创新能力形成的关键在于建立健全鼓励创新的体制、政策环境，即建立起以企业为中心的技术开发主体，能吸引人才、留住人才的激励机制和利益分配机制及支持技术创新的投融资体系。

8.2.2　制定产业及能源政策

本书通过对制造业及其细分行业的能源效率进行研究，发现制造业各行业的能源效率具有较大差异。因此在制定政策时需要结合不同行业的特征，制定差异化的能源效率政策，资源分配有所偏重，降低资源无效配置造成的浪费，使每个行业都能够拥有适合自己的改进措施，使政策的实施效果到最大化。对于能源效率相对较高的行业，如通信设备计算机及其他电子设备制造业等行业，政府仍然要对其加强引导，力争该行业继续保持较高能源效率水平。而对于能源效率较低的行业，如化学原料及化学制品业、黑色金属冶炼及压延加工业及烟草制品业等行业，政府不仅要引导它们向高能源效率的行业学习，而且要根据这些行业的特点发掘其提升能源效率改进潜力，提高其能源效率。

同时，在提高能源效率时，应坚持"先易后难"的原则，优先提高具有较大节能潜力的行业的能源效率。因为能源效率较低的行业意味着具有较大的节能潜力，对于能源效率相差很大的行业，对其进行政策上和资源上的偏斜可以使其更快地取得成效，而且效果相对也较为明显，所以应优先考虑这类行业。同时，还应根据各行业的能源消费量情况及对经济的贡献水平制定差异化的能源效率政策。对于能源效率水平相近的行业，虽然其能源效率相差无几，但不同行业所需消费的能源量却有着很大的差异，由于高耗能行业相对需要更多的能源，即其对制造业整体的能源消费贡献更大，应优先改善这些行业的能源效率，从而对提高整体能源效率产生更为明显的效果。另外，还应优先治理对经济贡献比重较大的行业，通过提高其能源效率，可以较大幅度地提升其经济水平。

8.2.3　加强资本深化

目前，中国仍然处于高能耗的快速发展阶段，资本的利用还未达到饱和状态。而且由本书的研究结果可知，资本深化对制造业及不同要素密集型业的能源效率均具有促进作用。因此，可以通过进一步加强制造业资本深化程度，来提高能源效率。同时，为了避免过度资本化造成的负面影响，还要积极转变资本深化的方式，使得能够长期发挥资本深化带来的技术效应，实现资本深化由量到质的转变。资本深化通过对技术进步的正向影响，间接达到促进能源效率提高的目的，资本深化对技术的影响也主要通过"硬""软"两个方面发挥作用。因此，首先要促进资本深化对"硬"技术进步的影响，为科技研发提供支持，完善科技创新的基础设施，为技术研发创造良好的环境，从而为技术创新提供有利的硬件支持。同时，也要利用资本加快生产设备及生产工艺的更新，将技术创新及时反映到生产过程中，进而提高能源效率。

在"硬"技术进步的基础上，还应注重资本深化对"软"技术进步的作用。技术创新只有环境和设备是不能运行的，还需要有劳动要素，通过劳动要素独有的知识投入，才能实现科技水平的进步。高新技术人才的加入可以使经营过程和科技成果达到事半功倍的效果，有竞争力的薪水和福利是吸引人才的有力武器，而这恰恰也需要资本的大力支持才可以实现。因此，通过资本深化吸引更多的优秀人才，加大高技术含量劳动要素的投入，同时也要加强提升劳动人员技能的培训，促进高科技人才间的交流与合作。另外，还应完善技术创新机制，使资本向能源技术创新方面靠拢，提高能源的利用技术水平，进而提高能源的利用效率。

8.3 企业层面对策

8.3.1 加大研发投入

技术进步是提高能源效率的有效途径，虽然回弹效应的存在弱化了技术进步促进能源效率提高的效果，但其在长期促进能源效率的过程中仍然发挥着重要作用。作为技术进步的主要原动力，研发投入是技术进步的前提，因此，企业应加大对能源利用方面技术的研究经费的投入力度。对于传统能源的利用，应在原有技术的基础上继续鼓励技术创新，加快生产设备的更新速度，淘汰落后产能，提高边际生产力，通过改善产品制造的工艺水平，赋予产品更高的技术含量。同时，也可以通过提高工作人员的工作技能、企业体制的创新及管理制度的完善等一些软技术进步来提高能源效率。

鼓励企业和高校进行技术研发以提高能源效率。企业基于生产成本最小化考量进行节能减排的技术创新，是企业作为技术创新主体的原动力，所以政策实施后朝着减小企业成本的方向符合企业的利益，能够激励其进行技术创新。在制定激励企业研发的相关政策时可以考虑将企业的研发投入作为税收优惠的基础；企业的贡献节能性专利可以申报政策性补助；达到节能要求的企业可以增加出口退税额度等。高校是节能减排技术创新的另一个主体，高校进行节能减排研究一方面能为社会培育相关领域的优秀人才，另一方面又能提高其在国内外相关领域的声望。此类政策可以考虑设立相关基金项目引导高校进行节能减排领域的研究，不仅仅局限于工程领域，也可以扩展到经济管理领域；设立全国性的节能减排技术创新领域的比赛，鼓励各个高校的学生参与其中，比赛中优秀的项目和作品便是对技术创新极大地推动。

鼓励制造业企业对生产设备进行技术改造。上述分析可知，资本锁定削弱了技术创新对能源节约的贡献，助长了能源回弹效应。为此，当市场无法完成这个任务时，政府需要积极引导企业进行生产设备的更新，逐步淘汰产能落后设备，更新能源效率较高的新设备，使技术创新真正进入生产领域。企业处于市场中，进行资本更新决策基本依靠成本和收益的考量，当更新设备成本所带来的未来收益大于所需成本时企业便会在市场的推动下自主地进行设备更新。所以给予企业在更新设备融资上的便利是至关重要的一点。降低企业融资费用，提供多种融资途径。而当市场手段失灵时，政府应该动用"有形的手"，迫使企业认清外部成本，行政性地淘汰落后产能设备，设立市场准入门槛。

政府应鼓励企业通过行业并购扩大经营规模，增加研发投入，从而产生显著的规模经济效应，提高自主创新能力，改善制造业的技术创新效率。政府应利用政策工具引导企业改变研发经费支出结构，鼓励企业减少技术引进经费支出，增加消化吸收和自主创新支出，在引进发达国家先进技术的同时，注重对引进技术的消化吸收和再创新。同时加强对技术引进的监督管理，避免重复引进。

对于技术创新效率较高的行业，未来政策应侧重于增加技术创新投入；对于技术创新效率较低的行业，未来政策的焦点应双管齐下，既要持续增加创新投入，也要注重技术创新效率的提升。具体而言，提升制造业的技术创新效率可采取以下措施：第一，在保持国有产权控制地位的前提下，加大制造业的产权改革力度，提高制造业所有权结构的多元化程度。同时，政府应加大对非国有企业特别是民营企业技术创新人才、资金和技术的扶持。第二，适度提高制造业的行业集中度。通过产权改革、企业重组等方式，培育一批拥有核心技术和知名品牌、具有较强国际竞争力的大型骨干企业，支持骨干企业做强做大[163]。

8.3.2　防止对外开放陷阱

　　政府在积极推行对外开放战略，发挥对外开放所带来的积极效应的同时，还应制定相应政策防止对外开放陷阱。对外开放能够引进国外先进的技术和管理经验，而且可以促使国内市场的竞争，刺激本国企业的技术创新，提高其能源效率，但书中结果表明有时对外开放对制造业未能表现出积极的作用，制造业的发展存在着对外开放陷阱。因此，对于外资企业，在积极引导其融资的过程中，要加强技术引进，注重对国外先进管理理念的学习，同时还要对其加强管理，完善市场制度，防止可能出现的过度竞争所造成的负面影响。对于本国企业，政府应鼓励其"走出去"，积极参与到世界经济的发展中，认清当今世界发展的大环境，同时还要积极引导其学习先进技术，提高能源效率，提升出口产品的技术含量，实现出口产品由量到质的转变。

8.3.3　避免企业规模盲目扩大

　　技术进步和企业内部管理往往滞后于企业规模的扩大，从而影响规模经济的实现和能源效率的提升。因此，政府应对企业积极引导，防止企业规模盲目扩大，促使技术水平和管理水平随企业规模同步提升，使之相互匹配，充分发挥企业的规模经济效应。为了追求更大的收益，企业往往会扩大生产规模，这也致使其需要更多的要素投入，在需求未被完全满足的情况下，能源效率改进的结果导致了能源消费量的大量增加。而且，目前中国能源价格未能完全市场化，也未能包含污染等外部成本，致使能源价格无法作为资源配置的有效信号，粗放式的生产模式导致能源的大量浪费。从成本最小化的角度考虑，当能源价格较低时，企业对高效设备的更新缺乏动力，反而通过多投入能源来实现产量的增加，从而增加了能源消耗，引起了能源回弹效应。

　　技术进步、高效生产设备的更新确实能够为企业带来利润的提升，但技术创新是一个相对缓慢的过程，企业为了更快地增加经济利润，直接扩大企业规模往往成了一个常用的途径，这也致使出现技术和管理水平滞后的现象，影响了能源效率的提升。因此，政府应鼓励企业先进行技术创新，再扩大规模，以技术进步推动企业生产规模的扩大，使其不再局限于量的扩大，而是实现质的提升。

8.4　本　章　小　结

　　本章根据制造业各行业能源效率的特点，以及各影响因素对制造业能源效率的作用关系，从宏观层面、行业层面、企业层面三个层面，从调整能源供给结构、深化能源价格改革、推进产业结构调整、制定产业及能源政策、加强资本深化、加大研发投入、防止对外开放陷阱和避免企业规模盲目扩大几个方面提出了相应的政策建议。

参 考 文 献

[1] Alcántara V, Duarte R. Comparison of energy intensities in European Union countries. Results of a structural decomposition analysis[J]. Energy Policy, 2004, 32(2): 177-189.

[2] Mielnik O, Goldemberg J. Foreign direct investment and decoupling between energy and gross domestic product in developing countries[J]. Energy Policy, 2002, 30(2): 87-89.

[3] 刘畅, 孔宪丽, 高铁梅. 中国能源消耗强度变动机制与价格非对称效应研究——基于结构 VEC 模型的计量分析[J]. 中国工业经济, 2009, (3): 59-70.

[4] 李世祥. 中国工业化进程中的能耗特征及能效提升途径[J]. 中国软科学, 2010, (7): 23-35.

[5] 杨中东. 中国制造业能源效率的影响因素: 经济周期和重化工工业化[J]. 统计研究, 2010, 27(10): 33-39.

[6] 张唯实. 能源效率与中国经济增长关系研究[J]. 经济问题, 2010, (8): 13-16.

[7] Hu J L, Wang S H. Total-factor energy efficiency of regions in China[J]. Energy Policy, 2006, 34(17): 3206-3217.

[8] 孟祥兰, 雷茜. 我国各省份能源利用的效率评价——基于 DEA 数据包络方法[J]. 宏观经济研究, 2011, (10): 40-46.

[9] 魏楚, 沈满洪. 能源效率及其影响因素: 基于 DEA 的实证分析[J]. 管理世界, 2007, (8): 66-76.

[10] 续竞秦, 杨永恒. 基于 SFA 的地区能源效率评价方法研究[J]. 煤炭经济研究, 2012, 32(6): 37-41, 44.

[11] 王雄, 岳意定, 刘贯春. 基于 SFA 模型的科技环境对中部地区能源效率的影响研究[J]. 经济地理, 2013, 33(5): 37-42.

[12] 王秋彬. 工业行业能源效率与工业结构优化升级——基于 2000~2006 年省际面板数据的实证研究[J]. 数量经济技术经济研究, 2010, 27(10): 49-63.

[13] 孙广生, 杨先明, 黄祎. 中国工业行业的能源效率(1987—2005)——变化趋势、节能潜力与影响因素研究[J]. 中国软科学, 2011, (11): 29-39.

[14] 安岗, 郁培丽, 石俊国. 中国工业部门能源利用效率的测度与节能潜力:基于随机前沿方法的分析[J]. 产经评论, 2014, 5(1): 5-15.

[15] 陈关聚. 中国制造业全要素能源效率及影响因素研究——基于面板数据的随机前沿分析[J]. 中国软科学, 2014, (1): 180-192.

[16] Murtishaw S, Schipper L. Disaggregated analysis of US energy consumption in the 1990s: evidence of the effects of the internet and rapid economic growth[J]. Energy Policy, 2001, 29(15): 1335-1356.

[17] Fisher-Vanden K, Jefferson G H, Liu H M, et al. What is driving China's decline in energy intensity?[J]. Resource and Energy Economics, 2004, 26(1): 77-97.

[18] Sinton J E, Fridley D G. What goes up: recent trends in China's energy consumption[J]. Energy Policy, 2000, 28(10): 671-687.

[19] 姚小剑, 杨光磊, 高丛. 基于省际面板数据的我国能源效率影响因素分析[J]. 西安石油大学学报(社会科学版), 2016, 25(6): 1-7.

[20] 曾胜, 靳景玉. 能源消费结构视角下的中国能源效率研究[J]. 经济学动态, 2013, (4): 81-88.

[21] 姜磊, 季民河. 中国区域能源压力的空间差异分析——基于 STIRPAT 模型[J]. 财经科学, 2011, (4): 64-70.

[22] 谭忠富, 张金良. 中国能源效率与其影响因素的动态关系研究[J]. 中国人口·资源与环境, 2010, (4): 43-49.

[23] 祝树金, 许可瑞琳. 中国工业行业全要素能源效率度量及其影响因素——基于共同前沿法的研究[J]. 工业技术经济, 2015, 34(12): 102-113.

[24] 陈晓毅. 能源价格、产业结构、技术进步与能源效率关系研究[J]. 统计与决策, 2015, (1): 120-122.

[25] 李廉水, 周勇. 技术进步能提高能源效率吗?——基于中国工业部门的实证检验[J]. 管理世界, 2006, (10): 82-89.

[26] 王群伟, 周德群, 陈洪涛. 技术进步与能源效率——基于 ARDL 方法的分析[J]. 数理统计与管理, 2009, 28(5): 913-920.

[27] 王群伟, 周德群. 中国全要素能源效率变动的实证研究[J]. 系统工程, 2008, (7): 74-80.

[28] 罗会军, 范如国, 罗明. 中国能源效率的测度及演化分析[J]. 数量经济技术经济研究, 2015, 32(5): 54-71.

[29] 范如国, 罗明. 中国能源效率演化中的异质性特征及反弹效应影响[J]. 经济管理, 2014, 36(6): 1-12.

[30] Newell R G, Jaffe A B, Stavins R N. The induced innovation hypothesis and energy-saving technological change[J]. Quarterly Journal of Economics, 1999, 114(3): 941-975.

[31] Miketa A, Mulder P. Energy productivity across developed and developing countries in 10 manufacturing sectors: patterns of growth and convergence[J]. Energy Economics, 2005, 27(3): 429-453.

[32] Cornillie R, Fankhauser S. The energy intensity of transition countries[J]. Energy Economics, 2004, 26(3): 283-295.

[33] 王俊杰, 史丹, 张成. 能源价格对能源效率的影响——基于全球数据的实证分析[J]. 经济管理, 2014, 36(12): 13-23.

[34] 孔婷, 孙林岩, 何哲, 等. 能源价格对制造业能源强度调节效应的实证研究[J]. 管理科学, 2008, (3): 2-8.

[35] 袁晓玲, 张宝山, 杨万平. 基于环境污染的中国全要素能源效率研究[J]. 中国工业经济, 2009, (2): 76-86.

[36] 黄山松, 谭清美. 制造业能源效率测算与影响因素分析[J]. 技术经济与管理研究, 2010, (S2): 14-18.

[37] Popp D C. The effect of new technology on energy consumption[J]. Resource and Energy Economics, 2001, 23(3): 215-239.

[38] Myers J N, Myers L A, Omer T C. Exploring the term of the auditor-client relationship and the quality of earnings: a case for mandatory auditor rotation?[J]. Accounting Review, 2003, 78(3): 779-799.

[39] 史丹. 中国能源效率的地区差异与节能潜力分析[J]. 中国工业经济, 2006, (10): 49-58.

[40] 武盈盈, 李燕. 山东省工业能源效率及其影响因素研究[J]. 中国人口·资源与环境, 2015, 25(6): 114-120.

[41] 李未无. 对外开放与能源利用效率:基于 35 个工业行业的实证研究[J]. 国际贸易问题, 2008, (6): 7-15.

[42] 董利. 我国能源效率变化趋势的影响因素分析[J]. 产业经济研究, 2008, (1): 8-18.

[43] 刘文君, 陈远文, 邹树梁. 湖南全要素能源效率及其影响因素分析[J]. 中国人口·资源与环境, 2014, 24(S3): 36-40.

[44] 曲晨瑶, 李廉水, 程中华. 中国制造业能源效率及其影响因素[J]. 科技管理研究, 2016, (15): 128-135.

[45] 王姗姗, 屈小娥. 基于环境效应的中国制造业全要素能源效率变动研究[J]. 中国人口·资源与环境, 2011, 21(8): 130-137.

[46] 徐胜, 李晓璐. 我国工业能源效率及其影响因素分析[J]. 统计与决策, 2015, (18): 135-138.

[47] 涂正革, 肖耿. 中国工业生产力革命的制度及市场基础——中国大中型工业企业间技术效率差距因素的随机前沿生产模型分析[J]. 经济评论, 2005, (4): 50-62.

[48] 马爱文. 中国工业能源效率测度及其影响因素研究[D]. 广州: 广东工业大学, 2016.

[49] 王霄, 屈小娥. 中国制造业全要素能源效率研究——基于制造业 28 个行业的实证分析[J]. 当代经济科学, 2010, 32(2): 20-25, 124-125.

[50] 杨莉莉, 邵帅, 曹建华, 等. 长三角城市群工业全要素能源效率变动分解及影响因素——基于随机前沿生产函数的经验研究[J]. 上海财经大学学报, 2014, 16(3): 95-102.

[51] 郑超愚. 中国经济增长的模式、结构与效率[J]. 金融研究, 2008, (11): 32-45.

[52] 杨文举. 技术效率、技术进步、资本深化与经济增长: 基于 DEA 的经验分析[J]. 世界经济, 2006, (5): 73-83, 96.

[53] 赵领娣, 张乐乐. 我国新能源细分行业股票投资价值研究——基于熵权 TOPSIS 方法[J]. 广东商学院学报, 2012, 27(6): 75-81.

[54] 张志辉. 中国区域能源效率演变及其影响因素[J]. 数量经济技术经济研究, 2015, 32(8): 73-88.

[55] Ouyang J L, Long E S, Hokao K. Rebound effect in Chinese household energy efficiency and solution for mitigating it[J]. Energy, 2010, 35(12): 5269-5276.

[56] Lin B Q, Liu X. Reform of refined oil product pricing mechanism and energy rebound effect for passenger transportation in China[J]. Energy Policy, 2013, 57: 329-337.

[57] Wang Z H, Lu M L, Wang J C. Direct rebound effect on urban residential electricity use: an empirical study in China[J]. Renewable and Sustainable Energy Reviews, 2014, 30(2): 124-132.

[58] Sorrell S, Dimitropoulos J, Sommerville M. Empirical estimates of the direct rebound effect: a review[J]. Energy Policy, 2009, 37(4): 1356-1371.

[59] Bentzen J. Estimating the rebound effect in US manufacturing energy consumption[J]. Energy Economics, 2004, 26(1): 123-134.

[60] Joyashree J, Jayant S, Alan S, et al. Productivity trends in India's energy intensive industries[J]. The Energy Journal, 1999, 20(3): 33-61.

[61] Grepperud S, Rasmussen I. A general equilibrium assessment of rebound effects[J]. Energy Economics, 2004, 26(2): 261-282.

[62] Saunders H D. Historical evidence for energy efficiency rebound in 30 US sectors and a toolkit for rebound analysts[J]. Technological Forecasting and Social Change, 2013, 80(7): 1317-1330.

[63] 周勇, 林源源. 技术进步对能源消费回报效应的估算[J]. 经济学家, 2007, (2): 45-52.

[64] 刘源远, 刘凤朝. 基于技术进步的中国能源消费反弹效应——使用省际面板数据的实证检验[J]. 资源科学, 2008, (9): 1300-1306.

[65] 王群伟, 周德群. 能源回弹效应测算的改进模型及其实证研究[J]. 管理学报, 2008, (5): 688-691.

[66] 冯烽, 叶阿忠. 技术溢出视角下技术进步对能源消费的回弹效应研究——基于空间面板数据模型[J]. 财经研究, 2012, 38(9): 123-133.

[67] Lin B Q, Liu X. Dilemma between economic development and energy conservation: energy rebound effect in China[J]. Energy, 2012, 45(1): 867-873.

[68] 邵帅, 杨莉莉, 黄涛. 能源回弹效应的理论模型与中国经验[J]. 经济研究, 2013, 48(2): 96-109.

[69] 黄纯灿, 胡日东. 基于哈罗德中性技术进步的反弹效应及能源政策建议[J]. 华侨大学学报(哲学社会科学版), 2015, (2): 44-52.

[70] 国涓, 郭崇慧, 凌煜. 中国工业部门能源反弹效应研究[J]. 数量经济技术经济研究, 2010, 27(11): 114-126.

[71] Lin B Q, Li J L. The rebound effect for heavy industry: empirical evidence from China[J]. Energy Policy, 2014, 74: 589-599.

[72] Lin B Q, Tian P. The energy rebound effect in China's light industry: a translog cost function approach[J]. Journal of Cleaner Production, 2016, 112, Part 4: 2793-2801.

[73] Lin B Q, Zhao H L. Technological progress and energy rebound effect in China's textile industry: evidence and policy implications[J]. Renewable and Sustainable Energy Reviews, 2016, 60: 173-181.

[74] Lin B Q, Xie X. Factor substitution and rebound effect in China's food industry[J]. Energy Conversion and Management, 2015, 105: 20-29.

[75] 张江山, 张旭昆. 技术进步、能源效率与回弹效应——来自中国省际面板数据的经验测算[J]. 山西财经大学学报, 2014, 36(11): 50-59.

[76] 查冬兰, 周德群. 基于 CGE 模型的中国能源效率回弹效应研究[J]. 数量经济技术经济研究, 2010, 27(12): 39-53, 66.

[77] 胡秋阳. 回弹效应与能源效率政策的重点产业选择[J]. 经济研究, 2014, 49(2): 128-140.

[78] 国涓, 凌煜, 郭崇慧. 中国工业部门能源消费反弹效应的估算——基于技术进步视角的实证研究[J]. 资源科学, 2010, 32(10): 1839-1845.

[79] Small K A, van Dender K. The effect of improved fuel economy on vehicle miles traveled: estimating the rebound effect using U.S. state data , 1966-2001[R]. UCEI Energy Policy and Economics Working Paper Series: University of California Energy Institute, 2005.

[80] Frondel M, Peters J, Vance C. Identifying the rebound: evidence from a German Household Panel[J]. Energy Journal, 2008, 29(4): 154-163.

[81] Hymel K M, Small K A, van Dender K. Induced demand and rebound effects in road transport[J]. Transportation Research Part B Methodological, 2010, 4(10): 1220-1241.

[82] Matos F J F, Silva F J F. The rebound effect on road freight transport: empirical evidence from Portugal[J]. Energy Policy, 2011, 39(5): 2833-2841.

[83] Greene D G. Rebound 2007: analysis of U.S. light-duty vehicle travel statistics[J]. Energy Policy, 2012, 41(1): 14-28.

[84] Haas R, Biermayr P. The rebound effect for space heating empirical evidence from Austria[J]. Energy Policy, 2000, 28: 403-410.

[85] Nesbakken R. Energy consumption for space heating: a discrete-continuous approach[J]. Scandinavian Journal of Economics, 2001, 103(1): 165-184.

[86] Guertin C, Kumbhakar S C, Duraiappah A K. Determining demand for energy services: investigating income-driven behaviours[R]. International Institute for Sustainable Development State University of New York at Binghamton, 2003.

[87] Davis L W. Durable goods and residential demand for energy and water: evidence from a field trial[J]. Rand Journal of Economics, 2008, 39(2): 530-546.

[88] Freire-González J. Empirical evidence of direct rebound effect in Catalonia[J]. Energy Policy, 2010, 38(5): 2309-2314.

[89] 钱娟, 李金叶. 技术进步是否有效促进了节能降耗与 CO_2 减排?[J]. 科学学研究, 2018, (1): 49-59.

[90] Small K A, van Dender K. Fuel efficiency and motor vehicle travel: the declining rebound effect[J]. Energy Journal, 2007, 28: 25-51.

[91] 鲁成军, 周端明. 中国工业部门的能源替代研究——基于对 ALLEN 替代弹性模型的修正[J]. 数量经济技术经济研究, 2008, 25(5): 30-42.

[92] Sorrell S, Dimitropoulos J. The rebound effect: microeconomic definitions, limitations and extensions[J]. Ecological Economics, 2008, 65(3): 636-649.

[93] Greening L A, Greeneb D L, Difiglio C. Energy efficiency and consumption—the rebound effect—a survey[J]. Energy Policy, 2000, 28(6-7): 389-401.

[94] 刘凤朝, 刘源远, 潘雄锋. 中国经济增长和能源消费的动态特征[J]. 资源科学, 2007, (9): 63-68.

[95] 薛澜, 刘冰, 戚淑芳. 能源回弹效应的研究进展及其政策涵义[J]. 中国人口·资源与环境, 2011, 21(10): 55-59.

[96] 张永宁, 沈霁华. 中国节能减排政策的演进——基于 1978—2016 年政策文本的研究[J]. 中国石油大学学报(社会科学版), 2016, 32(6): 1-5.

[97] 刘强, 王怡. 中国的能源革命——供给侧改革与结构优化(2017-2050)[J]. 国际石油经济, 2017, 25(8): 1-14.

[98] 乔海曙, 李亦博. 能源回弹与经济发展方式转型——基于 LMDI 方法及中国数据的实证分析[J]. 经济问题探索, 2014, (8): 30-36.

[99] 陈诗一. 能源消耗、二氧化碳排放与中国工业的可持续发展[J]. 经济研究, 2009, 44(4): 41-45.

[100] 金碚. 中国工业的转型升级[J]. 中国工业经济, 2011, (7): 5-14, 25.

[101] 魏楚. 中国能源效率问题研究[D]. 杭州: 浙江大学, 2009.

[102] 林伯强, 杜克锐. 要素市场扭曲对能源效率的影响[J]. 经济研究, 2013, 48(9): 125-136.

[103] 史丹, 吴利学, 傅晓霞, 等. 中国能源效率地区差异及其成因研究——基于随机前沿生产函数的方差分解[J]. 管理世界, 2008, (2): 35-43.

[104] 宋旭光, 席玮. 基于全要素生产率的资源回弹效应研究[J]. 财经问题研究, 2011, (10): 20-24.

[105] 刘佳骏, 董锁成, 李宇. 产业结构对区域能源效率贡献的空间分析——以中国大陆 31 省(市、自治区)为例[J]. 自然资源学报, 2011, 26(12): 1999-2011.

[106] 魏一鸣, 廖华. 能源效率的七类测度指标及其测度方法[J]. 中国软科学, 2010, 1: 128-137.

[107] 王喜平, 姜晔. 碳排放约束下我国工业行业全要素能源效率及其影响因素研究[J]. 软科学, 2012, 26(2): 73-78.

[108] 王琴梅, 张泊远, 毛艳艳. 对我国能源强度变化影响因素的实证分析——基于 VAR 模型[J]. 甘肃理论学刊, 2012, (6): 126-130.

[109] 汪克亮, 杨宝臣, 杨力. 基于环境效应的中国能源效率与节能减排潜力分析[J]. 管理评论, 2012, 24(8): 40-50.

[110] 潘国刚, 贾江涛. 能源效率影响因素分析[J]. 节能技术, 2012, 30(1): 76-78, 87.

[111] 王玉燕, 林汉川. 我国西部地区能源效率:趋同、节能潜力及其影响因素[J]. 经济问题探索, 2013, (4): 38-44.

[112] 刘丽丽. 中国中部六省能源效率影响因素研究[J]. 枣庄学院学报, 2012, 29(6): 134-138.

[113] 熊妍婷, 黄宁. 对外开放与工业行业能源技术效率——基于随机前沿模型的分析[J]. 当代财经, 2010, (9): 89-97.

[114] 夏玲, 樊宏, 吴万水, 等. 基于 DEA-Tobit 模型的中国省际能源效率影响因素分析[J]. 五邑大学学报(自然科学版), 2012, 26(4): 47-52, 71.

[115] 赵领娣, 郝青. 人力资本和科技进步对能源效率的影响效应——基于区域面板数据[J]. 北京理工大学学报(社会科学版), 2013, 15(1): 19-25, 33.

[116] 司江伟, 徐洪静. 山东省能源效率影响因素的灰色关联分析[J]. 科技管理研究, 2012, 32(4): 54-57.

[117] 龙楠, 刘川, 耿强. 长三角地区能源效率及其影响因素分析[J]. 南京邮电大学学报(社会科学版), 2011, 13(1): 53-56.

[118] 李伟娜, 金晓雨. 中国制造业的环境技术效率研究[J]. 中国科技论坛, 2011, (2): 33-38.

[119] 万伦来, 童梦怡. 环境规制下中国能源强度的影响因素分析——基于省际面板数据的实证研究[J]. 山西财经大学学报, 2010, 32(S2): 6-7.

[120] 李治, 李国平. 中国城市能源效率差异特征及影响因素分析[J]. 经济理论与经济管理, 2010, (7): 17-23.

[121] 何晓萍. 中国工业的节能潜力及影响因素[J]. 金融研究, 2011, (10): 34-46.

[122] 赵金楼, 李根, 苏屹, 等. 我国能源效率地区差异及收敛性分析——基于随机前沿分析和面板单位根的实证研究[J]. 中国管理科学, 2013, 21(2): 175-184.

[123] 陈诗一. 中国工业分行业统计数据估算: 1980—2008[J]. 经济学(季刊), 2011, (3): 735-773.

[124] 李星光, 程丽华, 于成学. 基于随机前沿生产函数的我国石化产业技术效率研究[J]. 工业技术经济, 2009, 28(11): 105-107.

[125] 吕明元, 王洪刚. 制造业能源效率及其影响因素分析——基于天津市能耗与碳排放的实证[J]. 中国能源, 2015, 37(11): 33-39.

[126] 杨莉莉, 邵帅. 能源回弹效应的理论演进与经验证据:一个文献述评[J]. 财经研究, 2015, (8): 19-38.

[127] Khazzoom J D. Economic implications of mandated efficiency in standards for household appliances[J]. Energy Journal, 1980, 1(4): 21-39.

[128] Brookes L. The greenhouse effect: the fallacies in the energy efficiency solution[J]. Energy Policy, 1990, 18(2): 199-201.

[129] Saunders H D. The Khazzoom-Brookes postulate and neoclassical growth[J]. Energy Journal, 1992, 13(4): 131-145.

[130] Saunders H D. A view from the macro side: rebound, backfire, and Khazzoom-Brookes[J]. Energy Policy, 2000, 28(6-7): 439-449.

[131] Sorrell S. The rebound effect: an assessment of the evidence for economy-wide energy savings from improved energy efficiency[R]. Review of Evidence for the Rebound Effect London: UKERC, 2007.

[132] Sorrell S, Dimitropoulos J. Review of evidence for the rebound effect-technical report 5: energy, productivity and economic growth studies[R]. Review of Evidence for the Rebound Effect London: UKERC, 2007.

[133] Dufournaud C M, Quinn J T, Harrington J J. An Applied General Equilibrium (AGE) analysis of a policy designed to reduce the household consumption of wood in the Sudan[J]. Resource and Energy Economics, 1994, 16(1): 67-90.

[134] Hanley N, Mcgregor P G, Swales J K, et al. Do increases in energy efficiency improve environmental quality and sustainability?[J]. Ecological Economics, 2009, 68(3): 692-709.

[135] Brennan T J. Energy efficiency policy puzzles[J]. Energy Journal, 2013, 34(2): 1-25.

[136] 金碚, 吕铁, 邓洲. 中国工业结构转型升级:进展、问题与趋势[J]. 中国工业经济, 2011, (2): 5-15.

[137] Berndt E R, Christensen L R. The translog function and the substitution of equipment, structures, and labor in U.S. manufacturing 1929-1968[J]. Journal of Econometrics, 1973, 1(1): 81-113.

[138] Lin B Q, Du K R. Technology gap and China's regional energy efficiency: a parametric metafrontier approach[J]. Energy Economics, 2013, 40: 529-536.

[139] 郝枫. 超越对数函数要素替代弹性公式修正与估计方法比较[J]. 数量经济技术经济研究, 2015, 32(4): 88-105, 122.

[140] Dargay J M. Are Price &Income Elasticities of Demand Constant? The UK Experience[M]. Oxford: Oxford University Press, 1992.

[141] Gately D. Imperfect price-reversibility of U.S. gasoline demand: asymmetric responses to price increases and decreases[J]. Energy Journal, 1992, 13(4): 179-207.

[142] 黄纯灿, 胡日东. 技术进步、能源效率及反弹效应——基于索洛中性技术进步的再检验[J]. 宏观经济研究, 2013, (4): 44-52, 111.

[143] 冯烽. 内生视角下能源价格、技术进步对能源效率的变动效应研究——基于 PVAR 模型[J]. 管理评论, 2015, 27(4): 38-47.

[144] Jihyo K, Eunnyeong H. Asymmetric substitutability between energy and capital: evidence from the manufacturing sectors in 10 OECD countries[J]. Energy Economics, 2013, 40(2): 81-89.

[145] 王兆华, 卢密林. 基于省际面板数据的中国城镇居民用电直接回弹效应研究[J]. 系统工程理论与实践, 2014, 34(7): 1678-1686.

[146] 杜颖, 肖荣阁, 司慧娟. 基于状态空间模型的河北能源回弹效应研究[J]. 干旱区资源与环境, 2016, 30(3): 19-24.

[147] 陈清泰. 实施节约优先的国家能源战略[J]. 中国流通经济, 2007, (6): 4-6.

[148] 陶小马, 邢建武, 黄鑫, 等. 中国工业部门的能源价格扭曲与要素替代研究[J]. 数量经济技术经济研究, 2009, 26(11): 3-16.

[149] 何小钢, 王自力. 能源偏向型技术进步与绿色增长转型——基于中国 33 个行业的实证考察[J]. 中国工业经济, 2015, (2): 50-62.

[150] 史丹. 我国是如何以较低的能源消费实现高速经济增长的[J]. 中国能源, 2002, (11): 8-11.

[151] 张文彬, 李国平. 异质性技术进步的碳减排效应分析[J]. 科学学与科学技术管理, 2015, 36(9): 54-61.

[152] Debalina C, Shyamasree D, Joyashree R. Rebound effect: how much to worry?[J]. Current Opinion in Environmental Sustainability, 2013, 5(2): 216-228.

[153] Joyashree R. The rebound effect: some empirical evidence from India[J]. Energy Policy, 2000, 28(6-7): 433-438.

[154] Freire-González J. Methods to empirically estimate direct and indirect rebound effect of energy-saving technological changes in households[J]. Ecological Modelling, 2011, 223(1): 32-40.

[155] Geoffrey M, Brenda B. Making cold homes warmer: the effect of energy efficiency improvements in low-income homes a report to the Energy Action Grants Agency Charitable Trust[J]. Energy Policy, 2000, 28(6-7): 411-424.

[156] 范丹, 王维国. 基于低碳经济的中国工业能源绩效及驱动因素分析[J]. 资源科学, 2013, 35(9): 1790-1800.

[157] Dargay J M, Gately D, Huntington H G. Price and income responsiveness of world oil demand, by Product[R]. Energy Modeling Forum Working Paper Stanford University, 2007.

[158] 赵领娣, 张乐乐. "双重深化"共生对能源消费的影响——入世以来省际面板数据的实证分析[J]. 现代财经(天津财经大学学报), 2013, 33(5): 40-50, 59.

[159] 张丽峰. 中国能源供求预测模型及发展对策研究[D]. 北京: 首都经济贸易大学, 2006.

[160] 肖兴志. 我国能源价格规制实践变迁与市场化改革建议[J]. 价格理论与实践, 2014, (1): 23-27.

[161] 安淑新. "十二五"时期我国淘汰落后产能政策建议研究[J]. 当代经济管理, 2012, 34(3): 36-44.

[162] 周涛. 我国产业结构转换的制约因素与政策建议[J]. 经济体制改革, 2001, (1): 91-94.

[163] 牛泽东, 张倩肖. 中国装备制造业的技术创新效率[J]. 数量经济技术经济研究, 2012, 29(11): 51-67.